JN012505

病気がイヤならその掃除をやめなさい。

はじめに

お掃除なんて、しなくていい――。


私は、本気でそう考えています。

理由は簡単です。

お掃除をすることで、病気のリスクが高まるからです。


こういうと、こんな反論が返ってきます。

「お掃除をせずゴミ屋敷のようになったら、不衛生で、それこそ病気になる」

たしかに、それも一理あります。ゴミ屋敷は不衛生きわまりない空間です。

でも本当に、ゴミ屋敷のようになったら、病気になるのでしょうか？

私の答えはこうです。

病気になるかもしれないし、ならないかもしれない。だけど、いまのまま、間違ったお掃除をしつづけるのも危険です。また、いまのように、何も考えず、科学や化学の力を頼り切った生活もとても危険です。

現代の住まいや生活は、一見、とても清潔で快適なように思えますが、実際は、健康や命を脅かす「見えない敵」の温床になっているからです。

新型コロナウイルスによって、見えない敵に不安をもつ人が増えました。

しかし、敵が見えないだけに「やみくもに怖がる」人も増えています。

その結果、間違った掃除や除菌・消毒をおこない、見えない敵の棲む場所を広げ、増やしてしまっていることも、また、事実なのです。

私はプロの清掃人です。この道35年、見えない敵と闘ってきました。

私のおもな闘いの場は、病院でした。免疫力の落ちた患者さんにとって、ウイルスや細菌などの見えない敵は、まさに命にかかわる脅威です。一般の家庭とは比べようもないほど細心の注意が必要です。

そんな経験を活かして、この本を書くことにしました。今回は一般の家庭向けの内容であり、病院清掃のように厳密なものではありません。また、お掃除の仕方を手取り足取り、細かく教えるものでもありません。

ただし、本当に大事なことがわかります。そして見えない敵が見えてきます。ウイルス、細菌、カビ、ダニが、家庭のどこに生息しやすいかを示す「ハザードMAP」や空気に乗ってどう移動するかなどを、図解でわかるようにしました。

病院清掃のプロの視点で見ると、トンチンカンなことをしている人が本当に多くいます。敵のいないところをムダにきれいにしたり、逆に、繁殖しやすいところを野放しにしたり、さらに、掃除することでまき散らしたりしているのです。

以前あるご家庭で、生物由来の汚れを測定するATP測定（62ページ参照）を使ってどこに汚れが多いのかを調べたことがありました。すると、トイレの便器から1200、そしてなんと、キッチンの水道の蛇口からは、1万4000という数値が出たのです。

食べ物を扱うキッチンですから、水道のまわりを含めていつも念入りにお掃除していたに違いありません。にもかかわらずこの結果……。

じつは、こういう現象は珍しいことではないのです。きれいにするための清掃作業が、逆に汚れを増やしてしまっていたりするのです。

知らないとはいえ、こうした恐ろしいことを、家庭内でも当たり前のようにやっているわけです。


多くの方は、この本を読み、これまで常識と思っていたことや、何気なくやってきたことが、とんでもなく非常識で危険なことであったと知るでしょう。

なぜ私が「お掃除なんて、しなくていい」といったのか、その意味も、少しずつおわかりいただけると思います。

この本を読むことで、これまでのお掃除への意識が180度変わるかもしれません。社会やみなさんの生活も、大きく変えてしまうかもしれません。でもやはり、いまやっているそのお掃除が間違っており、病気の一因になっているということをお伝えしたいと思ったのです。

みなさんの健康や命を守るために、私の経験や知識を活かしていただけるなら、これほどうれしいことはありません。

本書は、一方的に私が知識を伝えるものではなく、みなさんに「考えてもらう」スタイルにしました。各家庭では、それぞれ状況が異なるからです。多くの本では「こうすれば大丈夫」といいますが、実際は適用できない例も多いのです。

大事なのは、各自がそれぞれの住まいのなかで、見えない敵を想像することです。

敵はどこからやってきて、どこに棲み、どう増殖して、どうやって体のなかに入っていくのか――。その仕組みは、本当に単純です。そして、このシンプルな動きを理解してしまえば、敵を防ぐことも取り除くことも、簡単にできるのです。

松本忠男

contents

Part 2

怖いのは食中毒です――【細菌】から身を守る掃除メソッド

Part 3

見えた時点でかなりやばい――【カビ】から身を守る掃除メソッド

Part 4

フンや死がいも危ない――
【ダニ】から身を守る掃除メソッド

見えない敵と闘うための3原則

その1 「見えない敵」をイメージする！

プロローグでは、あなたへの問いかけがあります。

すぐにページをめくらずに、考えてみましょう。

そのあとで読むと、見えないはずの敵がイメージできます。

その2 できることからやってみる！

本書は「ウイルス」「細菌」「カビ」「ダニ」と敵ごとに
分類しました。気になるものから実行しましょう。
敵をゼロにはできません。減らすことが大切なのです。

その3 溜めない、広げない、増やさない！

「チョイ拭き」や「換気」を重視しましょう。

溜めなければ、汚れは広がらず、敵も増えません。

「溜めない、広げない、増やさない」

の意識をもってお掃除をしましょう。

さまざまなお掃除テクニックを実践することも大事ですが、
この3原則を常に忘れないことが何よりも重要です。

Prologue

13の質問から見えてくる――

【見えない敵】をリアルに感じる方法

家の中を見回しながら考えてみて

100の家庭があれば、それぞれ環境は違います。住む人、間取り、家具の置き方、窓、室温、湿度、掃除具合などにより「見えない敵」の状況も違ってきます。

私は病院清掃の現場に新人を連れて行った際に、こう尋ねます。

「あなたなら、この病室をどうやって掃除する？」

最初に手順や技術を教えると、その通りに動こうとしますが、これが失敗の原因になるからです。病室の状況は多種多様のため、同じやり方が通じません。

大事なのは、まずは「どうするか？」を考えたうえで「ならばこうしよう」と状況に応じた策を打ち出すこと。

見えない敵と闘うには、やみくもにパンチをくり出すのではなく、敵の存在をはっきりとイメージし、最小限のパンチを的確に当てることが大切なのです。

この本も同じです。私の問いかけに対し、まずは、家のなかを見回しながら、あなたなりの答えを考えてみてほしいと思います。

あなたはなぜ、
お掃除をするのですか？

掃除は、健康と命を守るためにするものです――。

これが私の答えです。病院清掃を仕事にしている私にとって、掃除は命に直結するものです。例えばウイルス感染者が出て、洗浄に失敗すれば院内感染を招き、多くの命が失われることにもなるからです。

それは病院に限った話ではなく、家庭内でも起こり得ることです。

これまで掃除は「目に見える汚れ」を取り去るためのものでした。おそらく多くの人は「いつもしているから」とか「汚いと不潔だから」「だらしないと思われるから」などの理由で、なんとなく掃除をしていたと思います。

もちろん、それは間違いではありません。しかし本来の掃除とは、目に見えるものだけでなく、「見えない汚染」や「見えない敵」も取り除く行為なのです。

新型コロナの災禍を経験し、日本中の人がそれを思い知ったと思います。美化のためだけでなく、命と健康を守る掃除へと、意識の変化が必要です。

目に見えない敵には、
どんなものがいるでしょう？

ウィルス、細菌、カビ、ダニがいます――。

「ウイルス」や「細菌」は目に見えません。どれだけ集まっても見えないので、無数にいたとしても、気付きようがないのです。

「カビ」は集まると目に見えます。例えば「黒カビ」の胞子のサイズは5ミクロン（1000分の5ミリ）で、これは見えません。でも、5ミクロンというのは、「1000個集まると5ミリぐらいになるよ」ということです。逆に考えると「5ミリくらいのカビがあったら1000個の胞子があるよ」ということです。

「ダニ」はギリギリ見えるサイズですが、暗い場所に隠れるので、見えません。

これらの見えない敵は、ふわふわ漂ったり、何かにくっついたり、隠れたりしながら、あなたが暮らす空間にいます。見えないので、気付かないだけなのです。

でも「いる」と考えたほうが自然です。しかも「うじゃうじゃ」と。一種類ではなく、多種多様の敵が、あなたのすぐそばで活動しています。

ホコリや見えない敵は、
どうやって移動するのでしょう？

空気に乗って移動します——。

当たり前ですが、ウイルス、細菌、カビなどの見えない敵は、トコトコと歩いて移動するわけではありません（笑）。ダニは、多少は歩きますが。

これらはとても軽いものなので、空気とともに動いています。つまり、風に乗って移動しているのです。

日頃は意識していませんが、私たちのまわりでは、絶えず空気が動いています。窓やドアから入る風だけではありません。扇風機やエアコン、ファンヒーターの風、人が移動するときに出る風、そして温度差からも風が生まれます。温かい空気は上に向かい、冷たい空気は下がる。こうした対流によっても空気は動いています。

空間の空気はつながっているので、隣の部屋の空気も移動してくるし、1階の温かい空気は2階にいき、2階の冷たい空気は1階に下ります。こうした空気の流れに乗って、見えない敵は、同じような軌道で家のなかを動いています。

見えない敵は、
家のなかのどこにいるのでしょう？

ホコリのある場所が、その目印です――。

ウイルス、細菌、カビなどは風に乗り、同じような軌道で家のなかを移動します。ホコリはこれらと比べると大きく、肉眼でも見えますが、ウイルスや細菌と同じように風に乗り、同じような軌道で移動します。

つまり、家のなかで、ホコリがたくさんあるようなところには、ウイルスや細菌、カビなどの見えない敵もたくさんいると思って間違いありません。

では、ホコリがたくさんある場所はどこか？

すぐに思い付くのは、部屋の隅や家具の裏です。壁や家具で風の流れが止まり、ホコリが溜まっていくわけです。もちろん、小さなモノだって風を止めます。モノが散乱している部屋のあちこちに、ホコリが溜まるのはこのためです。

ホコリがあるなら、そこには見えない敵もいるということです。浴室などの風が動かない場所にカビが生えるのも、これと同じ理由です。

あなたのいる空間は心地よいですか？
嫌な感じがしますか？

不快に感じる空間は、見えない敵には最高の場所です――。

部屋から外に出ると、心地よく感じませんか？　それは屋外の空気が動いているからです。反対に、空気が滞っている状態を、人間は不快に感じます。

例えば、戸締りをして1日外出し、家に戻ったときはどうでしょう？　モワッとイヤな感じがしますよね。それは室内の空気が滞っているからです。

あなたが、いまいる空間を「心地いい」と感じるか、「不快」と感じるか？　その感覚を大事にしてほしいと思います。「なんだか蒸し暑い」とか「イヤなにおいがする」などと不快な感じがあるのは、空気が淀んでいる証拠です。

空気が淀むのは、流れを止める原因があるからです。部屋に新鮮な空気が取り込まれているか、部屋全体に回り、外に抜けているかを考えてみましょう。

淀んでいる空間は、見えない敵にとって「絶好の棲みやすい空間」となります。掃除は床や壁より先に、「空間を清浄する」という意識が大切なのです。

空気が淀むと、見えない敵はどうなる?

その場に居座り、増殖しやすくなります――。

イメージしてみてください。細菌やカビは、ホコリを栄養源にして増えていきます。そうれはもう、いくらでも、爆発的に増えていきます。

また、カビが増えると、それをエサにしてダニも増えます。

ダニが増えれば、それをエサにする害虫も増えます。

常に空気が動く快適空間では、見えない敵は流されて定住できません。しかし、空気の淀む空間では、そこに居座りやすく、栄養源のホコリもあるため、繁殖しやすいのです。そして、さらなる害虫を呼び寄せることにもなるのです。

ちなみに、ウイルスは体内でしか生きられないので、ホコリは関係ありません。感染者の体内から唾液といっしょに飛び出たウイルスは下に落ちて、やがて死にます。呼気とともに出て空気中に漂う奴や、水分の蒸発を待って舞い上がる奴もいます。でもウイルスは空間では増えません。細菌やカビとは、ここが大きく違います。

掃除でホコリを取ったとき、
見えない敵はどうなる？

じつは掃除がいちばんのリスク。見えない敵を浴びる行為です――。

あなたが掃除をするのは、ホコリやゴミ、汚れなど、目に見える「不快なモノ」を取り去ったり、拭き取ったりするためでしょう。

ところが、この行為は、健康や命にとって、大きなリスクにもなるのです。

なぜか？　掃除は「不快なモノ」を「集める行為」だからです。

例えば、フロアモップなどを使う場合、まずはホコリをシートで拭き集め、それを顔の近くで取り換えます。このとき「見えない敵」はどうなっているでしょう？　見えない敵は空中に舞い上がります。そして、あなたはそれを吸い込みます。

トイレの掃除はどうでしょう？　便器をブラシでこするときは顔が近付きます。

掃除機も同じです。掃除機から出る風は、床や壁にいる見えない敵をすごい勢いで空中に散布します。このように、掃除をすることで、目に見えない敵を全身に浴び、吸い込み、手にも付着させています。見えないので、気付かないだけです。

掃除がリスクって、
じゃあ、どうすればいいと思う？

掃除をやめてみましょう――。

どうすれば見えない敵を感じられるのか?

私がおすすめするのは、思い切って「お掃除をやめてみる」ことです。中途半端にやるから状況がわからなくなるのです。だったら、少しのあいだ、やめてみる。するとホコリの溜まる場所などが目に付くようになります。ホコリは一律には絶対に集まらないので「たくさん集まる場所を知る」ために、やめてみるという発想はすごく大事だと思います。1週間くらいやめたら、はっきりしますよ。

逆に、それで病気にならない? その心配はごもっともですが、多くの人は敵の存在に気付かないまま、むやみやたらと掃除をして、全身に浴びたり、吸い込んだりしているわけです。あるいは、見えない敵を恐れるがあまり、必要のない消毒をして、化学物質をせっせとまき、大量に吸い込んでいます。

やみくもに恐れてリスクを高めたり、違うリスクを招いてしまっているのです。

たくさん集まった場所がわかったら、
どうする？

溜まったものをどうしよう…と考えた時点でダメ――。

これまでのお掃除は、溜まったホコリやゴミ、汚れを取り除く行為でした。毎日お掃除をするきれい好きな人でも、「１日に溜まった汚れ」を取っているに過ぎませんでした。このように「溜まってから片付ける」というのはたいへんです。

ふわふわしたものや、目に見えないものを追いかけて回収することには、限界があります。１００あるものを１００回収するのは不可能なのです。

溜まったものをお掃除すれば、その何割かは回収できますが、多くは空中に舞い散ります。そして、空中に舞ったものは、家中に広まり、数十分後には床や壁、モノにひっつきます。そこに新たな汚れも加わります。それをまた次の日に集め、何割かを回収し、まき散らす。同時に、全身に浴び、吸い込む。

このように、ムダともいえるような努力を延々とくり返していたのが、これまでのお掃除なのです。

空中に漂う見えない敵は、
どうすればいいのでしょうか？

換気扇から吸い出すのがいちばんです——。

見えない敵は軽いので、わずかな空気の動きに乗って移動します。人が歩けばブワーッと動くし、動かなくても体温で空気が温まれば、それに乗って舞い上がります。エアコンや扇風機の風なんて、もう大嵐です。

そうやって、部屋の上のほうでふわふわ漂っているのです。見えない敵をやっつけるには、この性質を利用し、換気扇で吸い出してしまうのがベストです。

コロナ禍では「窓を開けて換気をせよ」といわれました。でも、窓を開けて風が入ってきても、すべての敵が外に出ていくわけではなく、壁や物に貼り付くものもたくさんあります。「窓を開ければすべてのウイルスが外に出ていく」などと思うのは、大間違いなのです。

2か所の窓を開けて風が抜けるようにしても、それに乗って外に出ていく保証はありません。最も確実なのは、パワーの強いキッチンの換気扇で吸い出すこと。窓から換気扇までの「空気の流れの道」をつくり、一気に吸い出すのです。

さて、あなたの家はどうですか。
大切な人の健康や命を
守ることができますか？

近づかないよう、近づけないよう、行動を変えるべきです——。

目の前に血だらけの人が倒れていたら助けますよね。踏み付けたりしません。見えるからです。同じように、見えない敵を感じれば、対処するはずです。でも、多くの人は、見えないものは見ようとしません。それどころか「見えないから大丈夫」と、おかしな安心をしています。その結果、間違った対処をして、大事な人の健康や命を脅かしてしまっているのです。

とくに小さなお子さんやお年寄りは免疫力が弱いので、細心の注意が必要です。

それには、見えない敵を見えるようにイメージすることです。どんなときに増えやすいのか、どんなときに落ち、浮かんでいるのか、どんなところにいて、どう広がるのかを想像する。この本を読むと、敵の動きがわかってきます。

そのうえで、敵に近づかないよう、近づけないようにすることが大事なのです。

それにはまず、あなたの掃除への意識を変え、行動を変えることです。

そもそも
ウイルス、細菌、カビの対策が
ごちゃ混ぜになっていませんか？

ウィルスと細菌、カビは違う種類です——。

ホームセンターやドラッグストアでは「除菌グッズ」や「抗ウイルス」のコーナーがどんどん大きくなっています。とてもすばらしいことだと思いますが、正直、不安もあります。それは、ウイルスと細菌、カビの違いがわかっているのか？　それをわかったうえで対策しているのか？　と疑問があるからです。

ウイルスや細菌、カビ、ダニは、発生源も違うし、生息場所も増え方も違う。急にどこからか湧いてきたように誕生しているわけではありません。誕生すべきところに誕生するし、集まるべきところに集まる。それがわかっていれば、対策は、そんなに難しいことではありません。

ところが、見えない敵をひとくくりにして扱うために、どれに対しても有効な対策が打てず、かえって敵を広げたり、増やしてしまったりするわけです。大事なのは見えない敵を知り、正しく対策を立てること。この本はそのためのものです。

家のなかの見えない敵は
どこに潜んでいるのか？
一覧にまとめたので見てみましょう！

家庭内にいる、おもな危険微生物

	潜伏場所	おもな危険微生物	引き起こされるおもな病気
リビング・ダイニング	テーブル	各ウイルス	各ウイルス感染症
	壁	病原ホコリ	アレルギー反応　各感染症
		クラドスポリウム（代表的な黒カビ）	気管支炎　ぜん息
	床	白癬菌	水虫
		病原ホコリ	アレルギー反応　各感染症
	カーペット	白癬菌	水虫
		ダニ	アレルギー反応
		各カビ類	真菌感染症
		病原ホコリ	アレルギー反応　各感染症
	畳	白癬菌	水虫
		ダニ	アレルギー反応
		トリコスポロン（カビの一種）	肺炎　咳　発熱
		病原ホコリ	アレルギー反応　各感染症
	エアコン	アスペルギルス（通称・人食いカビ）	侵襲性アスペルギルス症（免疫力低下時）　気管支炎　呼吸不全　肺炎　ぜん息
		トリコスポロン	肺炎　咳　発熱
		病原ホコリ	アレルギー反応　各感染症
	加湿器	レジオネラ菌	レジオネラ肺炎
		緑膿菌	呼吸器感染症　敗血症
		クラドスポリウム	気管支炎　ぜん息
	家具と壁の隙間	アスペルギルス	侵襲性アスペルギルス症（免疫力低下時）　気管支炎　呼吸不全　肺炎　ぜん息
		トリコスポロン	肺炎　咳　発熱
		病原ホコリ	アレルギー反応　各感染症

	窓のサッシ 網戸	花粉	花粉症
		PM2.5	頭痛　のどの痛み　吐き気
	カーテン	クラドスポリウム	気管支炎　ぜん息
		花粉	花粉症
		PM2.5	頭痛　のどの痛み　吐き気
キッチンの水まわり	水道	黄色ブドウ球菌　大腸菌	食中毒　胃腸系疾患
	排水口のゴミ受け　包丁スタンド	黄色ブドウ球菌　大腸菌	食中毒　胃腸系疾患
	排水口	フザリウム （代表的な赤カビ）	真菌症　角膜真菌症
	シンク	黄色ブドウ球菌　大腸菌	食中毒　胃腸系疾患
		エクソフィアラ （黒カビの一種）	黒色真菌症
	スポンジ	大腸菌　サルモネラ菌 黄色ブドウ球菌　セレウス菌	食中毒　胃腸系疾患
冷蔵庫	製氷機	黄色ブドウ球菌　大腸菌　エクソフィアラ	食中毒　胃腸系疾患 黒色真菌症
	野菜室	O-157 カンピロバクター	食中毒　胃腸系疾患
	棚板　壁面 パッキン等	黄色ブドウ球菌　腸炎ビブリオ　ノロウイルス　O-157　サルモネラ菌　カンピロバクター　リステリア菌	食中毒　胃腸系疾患
トイレ	床　レバー ドアノブ 便座等	大腸菌	食中毒　胃腸系疾患
		緑膿菌	呼吸器感染症　敗血症
		病原ホコリ	アレルギー反応　各感染症
洗面所	歯ブラシ コップ	緑膿菌	呼吸器感染症　敗血症
		各ウイルス	各ウイルス感染症
	洗濯機	クラドスポリウム	気管支炎　ぜん息
	排水口	フザリウム	真菌症　角膜真菌症

潜伏場所		おもな危険微生物	引き起こされるおもな病気
浴室	浴槽パネルの裏	クラドスポリウム	気管支炎　ぜん息
	イス　シャワーヘッド　シャンプー台	肺ＭＡＣ菌	肺ＭＡＣ症
	風呂釜	大腸菌　サルモネラ菌　O-157	下痢　腹痛　嘔吐　発熱
		レジオネラ菌	レジオネラ肺炎
	バスマット	白癬菌	水虫
	ゴムパッキン	クラドスポリウム	気管支炎　ぜん息
	床	フザリウム	真菌症　角膜真菌症
		クラドスポリウム	気管支炎　ぜん息
	天井	クラドスポリウム	気管支炎　ぜん息
	エアコン　換気扇	クラドスポリウム	気管支炎　ぜん息
		アルテルナリア（ススカビ）	皮膚病
その他	布団　枕	ダニ　ダニの死がい　ダニのフン	アレルギー反応
		各カビ類	真菌感染症
		花粉	花粉症
		病原ホコリ	アレルギー反応　各感染症
	マットレス　ベッドの下	アスペルギルス	侵襲性アスペルギルス症（免疫力低下時）　気管支炎　呼吸不全　肺炎　ぜん息
	押し入れ	病原ホコリ	アレルギー反応　各感染症
		ダニ　ダニの死がい　ダニのフン	アレルギー反応
		アスペルギルス	侵襲性アスペルギルス症（免疫力低下時）　気管支炎　呼吸不全　肺炎　ぜん息
	掃除機	アスペルギルス	侵襲性アスペルギルス症（免疫力低下時）　気管支炎　呼吸不全　肺炎　ぜん息

じゃあ、どうすればいいの？

こんなに敵がいると思うと怖くなる。

その場で、1秒で終わらせればいいのです——。

いま汚れたのなら、いま拭けばいい。それを「明日また掃除しよう」と思って溜めるから、たいへんなことになるのです。

食後にテーブルをサッとひと拭き。料理後に調理台をサッとひと拭き。これなら1秒でできます。**「済んだらチョイ拭き」**。誰かに任せるのではなく、自分でやる。

基本は、ペーパータオルでの乾拭きです。サッと拭いて、そのまま捨てる。汚染を放置しないことで、結果的に、見えない敵は減っていきます。

では、すでに家のなかにいる見えない敵はどうするか？

冒険をするようなつもりで潜む敵を探してみましょう。その「地図」に当たるのが本書です。「風(かぜ)・探知棒」（81ページ）や「化繊ハタキ」を手に、敵の気配を感じながらきれいにすると、掃除が単なる作業から、ワクワクする冒険に変わります。

私はそのように掃除と向き合ってきましたが、この先は、あなたの番です。

Part 1

コロナ、インフルエンザ、ノロ——

【ウイルス】から身を守る掃除メソッド

ウイルスと感染症

✷エジプトのファラオも感染症にかかっていた

感染症とは、ウイルスや細菌、真菌（カビ）、寄生虫などの病原体がヒトの体に侵入することで発症する病気のことです。

私たち人間は、長い歴史のなかで、いつの時代もこの感染症と闘ってきました。被害の深刻化は、文明の成立とともにはじまりました。

紀元前3500年ごろには、メソポタミア地方に都市が生まれ、そこに感染症が蔓延（まんえん）しました。

また、紀元前1157年に亡くなったエジプトの王、ラムセス5世は天然痘（てんねんとう）ウイルスに感染していたことがわかっています。

天然痘ウイルスは、日本でも猛威をふるった歴史があります。

みなさんよくご存じの奈良の大仏（752年建立）は、天然痘を鎮めるために造られました。

当時はまだ天然痘の正体がよくわかっておらず、何かの祟(たた)りと考えられていました。そのため、仏様の力を借りて、国を守ろうとしたのです。

そもそも天然痘は、6世紀ごろ、大陸から仏教とともに日本にやってきたと考えられているのですから、それを仏教の力で鎮めようというのは皮肉な話ですね。

それはさておき、このような歴史をたどってみると、感染症の大流行による被害は、多くの人々が密集して暮らすようになったことと、人々が離れた地を行き来するようになったことに関係していることがよくわかります。

このことは、いま世界中で猛威をふるう新型コロナウイルスの感染拡大を防ぐための「3密の回避」と「感染拡大地域との往来の自粛」と、ピタリと一致するわけです。

✸新型コロナをはじめウイルスの襲撃に備える

さて、いま私たちを苦しめている「コロナ」は、もうみなさんよくご存じの通り、新型コロナウイルスによる感染症です。正確には、COVID-19（coronavirus disease 2019）といいます。

事の発端は2019年12月末。中国湖北省武漢市で、原因不明の肺炎が確認されたことでした。日本でもネットニュースなどでこの情報は取り上げられましたが、そのころはまだ他人事。対岸の火事を眺めるように、いつもと変わらないのどかなお正月を迎えました。

ところがその後、新型コロナウイルスはあっというまに全世界に広がり、2020年3月11日には、WHO（世界保健機関）が、新型コロナウイルス感染症について、「パンデミック（世界的大流行）」を宣言しました。

コロナウイルスとの長い闘いの幕が切って落とされたのです。

日本国内では、その約2か月前の1月16日に、武漢に渡航歴のある方から感染が確認されて、新型コロナウイルスに対する関心と脅威が一気に高まりました。

街のドラッグストアやスーパー、コンビニからマスクが消え、歩き回ってようやく見つけたマスクは1箱数千円！　政府から各世帯に布マスクが配布されたこともありました。除菌スプレーを求めて長い行列ができた時期もありました。

本書を執筆中の2021年10月現在の東京では、3回目の緊急事態宣言が解除され、いったんは、感染は小康状態に入ったように見えますが、またいつどうなるかはわかりません。新型コロナウイルスの脅威は当分つづきます。

新型コロナウイルスの脅威が当分つづくということは、私たちはこの見えない敵とともに暮らしていかなければならないということです。

それが「ウィズコロナ」。新型コロナウイルスと共存していくということです。

そんなウィズコロナ時代に突入したいま、自分や自分の大切な人の健康を守るために、私たちは何をしたらいいのでしょう。

本書では、お掃除のプロとしての目線から、健康と命を守る家庭の環境と清浄について、みなさんといっしょに考えながら、アドバイスをしていこうと思います。

これまでも、お掃除の本はいろいろと出版されていますし、新型コロナウイルス感染拡大後は、感染症対策に特化したお掃除のやり方が、テレビや雑誌などで、しばしば取り上げられるようになりました。

おかげで、日々のお掃除のなかで、目に見えないウイルスや細菌が意識されるようになりました。これは、「お掃除は家をきれいにするもの」という意識からの大きな変革です。

しかし残念なのは、**多くの人が、そのやり方を間違えている**ことです。

みなさんはどうでしょう?

まずは、次のページの問題を考えてみましょう。この家の住人になったつもりで答えてください。

正解は、52～53ページの「ウイルス感染ハザードMAP」を見るとわかります。

問題

家族のなかに新型コロナウイルスの陽性者がいます。しかし、無症状なので、本人も家族も、陽性であることを知りません。

このような状況で、家庭内感染がもっとも起こりやすい場所はどこだと思いますか？

（正解は次のページ←）

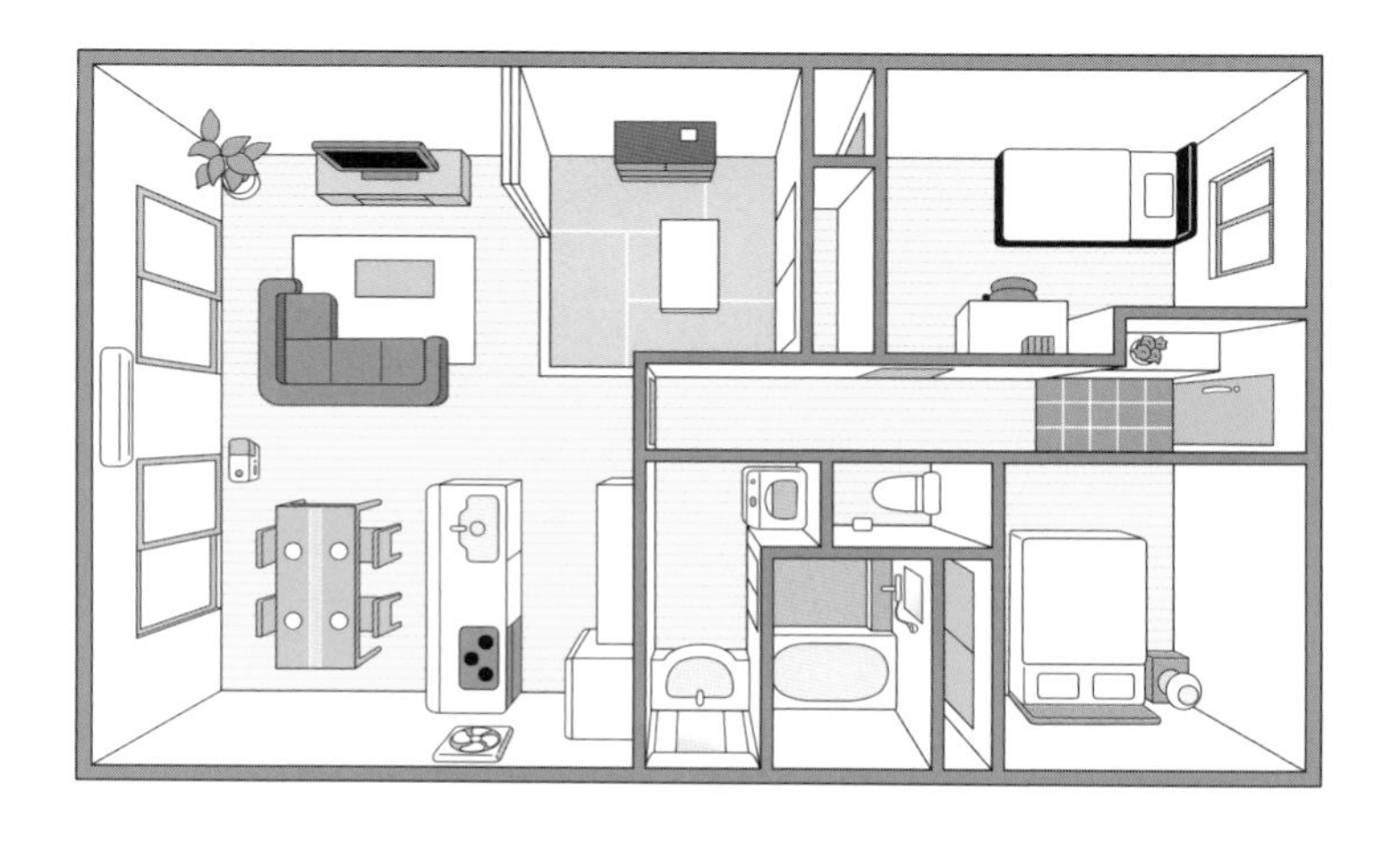

ここが危ない！
ウイルス感染ハザードMAP

★の数は、ウイルス感染危険度を表します。★★★がもっとも危険とくにホコリが集まりやすい場所。これらのホコリを放っておくと、ウイルスや細菌、カビ、ダニが混ざり、「病原ホコリ」となります。

ウイルス感染危険地帯

布団……★★★
掛布団や毛布、シーツの顔の近い場所には寝ている間に唾液や飛沫が付着し、ホコリとともに寝室中にまき散らされます。

ドアノブ……★★★
人の手が触れる場所なので、注意が必要です。

トイレ……★★★
便、嘔吐物に含まれるウイルスに注意。トイレの床はウイルスを含んだ病原ホコリが溜まりやすい場所です。

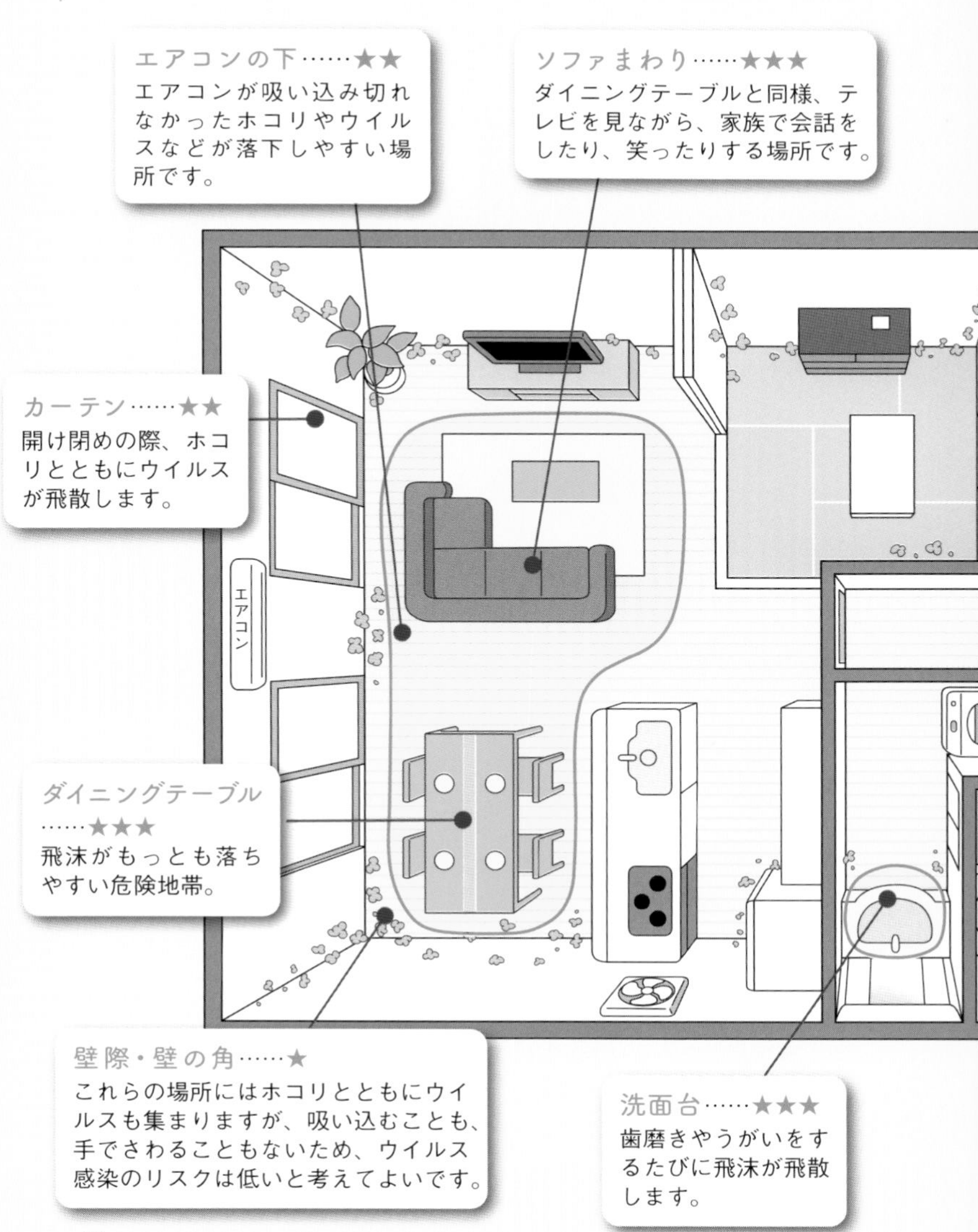
エアコンの下……★★
エアコンが吸い込み切れなかったホコリやウイルスなどが落下しやすい場所です。
ソファまわり……★★★
ダイニングテーブルと同様、テレビを見ながら、家族で会話をしたり、笑ったりする場所です。
カーテン……★★
開け閉めの際、ホコリとともにウイルスが飛散します。
エアコン
ダイニングテーブル……★★★
飛沫がもっとも落ちやすい危険地帯。
壁際・壁の角……★
これらの場所にはホコリとともにウイルスも集まりますが、吸い込むことも、手でさわることもないため、ウイルス感染のリスクは低いと考えてよいです。
洗面台……★★★
歯磨きやうがいをするたびに飛沫が飛散します。

✸「わが家のウイルス感染危険地帯」を確認しましょう

2021年8月、東京都内で感染が確認されたのは12万5606人。家庭内で感染した人は3万1293人でした。つまり、この月の新規陽性者の約25パーセントが家庭内感染によるものです。さらに、感染経路が判明している人の割合でいえば、同年7月の統計では、64・4％にまでのぼりました。

家庭内では感染対策を万全にしていない場合が多いため、家庭内に一人の感染者が発生すると、同居の家族にいとも簡単に感染してしまうのです。

こうした**家庭内感染を防ぐには、「ウイルス感染危険地帯」、つまり、「感染リスクの高い場所」を見極め、そこを中心に、ウイルス除去を徹底すること**が大切です。

では、ウイルス感染危険地帯とはどこでしょう。

それはおもに、次の4か所です。

①ダイニングルーム
②リビングルーム
③洗面室
④トイレ

①②③の3か所には共通点があります。わかりますか？
それは、3か所とも**飛沫が飛ぶ場所**であるということです。
①ダイニングと②リビングは、家族が集まる場所です。みんなでおしゃべりしたり、テレビを見て笑ったりすれば、必ず飛沫が飛びます。
③洗面室は、歯磨きやうがいをする場所です。飛沫が飛んだり、すすいだ水といっしょに口からウイルスが吐き出されます。
④トイレは飛沫は飛びませんが、**体のなかのものを出すところ**なので、要注意です。中国の研究チームによれば、便から新型コロナウイルスが検出されたという報告もあり、便から感染する可能性はあるようです。
以上をもとに、各ご家庭それぞれの、「わが家のウイルス感染危険地帯」を確認し

ましょう。

例えば、ダイニングでおしゃべりをすることはほとんどないというご家庭なら、ダイニングは危険地帯から外れます。キッチンの対面カウンター越しにいつもおしゃべりをしているなら、そのあたりも危険地帯となります。

このように、**「わが家の場合はどうだろう？」と考えることが、あなた自身とあなたの家族の健康を守る掃除の第一歩**です。

余談ですが、よく、ウイルスの入った飛沫が食べ物に飛んで、それを食べると感染すると思っている方がいます。

しかし、新型コロナウイルスは、「食べて感染」は起こりにくいと考えられています。それは、新型コロナウイルスはエンベロープという膜に覆われており、エンベロープは胃酸によって破壊され、ウイルス自体の感染力が失われるからです。

しかし、エンベロープをもたないノロウイルスは、食品とともに胃に入り、胃酸をくぐり抜けて小腸に達し、食中毒を引き起こします。

このように、ウイルス対策はウイルスの特徴によって異なるので注意が必要です。

よくある質問

Q 玄関はウイルス感染危険地帯ではないの？

A ダイニングなどに比べたら、感染のリスクは低いと考えます。

もちろん、玄関を介して、外から室内にウイルスがもち込まれる可能性はゼロではありません。しかし、ウイルスは、1個2個が口に入ったからすぐに感染する、というほどの感染力はありません。

ですから、外から帰ってきた人の手指や洋服に、感染するほどの量の生きたウイルスが付着していたとしたら、その人はすでに感染している可能性があります。だとしたら、その人から別の家族への家庭内感染を防ぐことが最優先。それには「飛沫の飛ぶ場所」を対策するのがもっとも効果的なのです。

それが、私の考えるレッドゾーンです。

玄関のウイルス除去がまったく不要であるとはいいませんが、室内への入り口よりも、体内への入り口をシャットアウトするべきなのです。

✷ウイルス除去は「ウイルス感染危険地帯」を集中しておこなう

例えば、①〜⑤の5つの部屋があるとします。そして、①②③それぞれの部屋にはウイルスが100、④と⑤の部屋にはそれぞれ10あるとします。Aさんは、①②③の3部屋に的を絞り、90パーセントの力（丁寧さ）で掃除して、90パーセントのウイルスを除去しました。Bさんは、①②③④⑤、すべての部屋を50パーセントの力（丁寧さ）で掃除して、50パーセントのウイルスを除去しました。

お掃除後、それぞれの家に残ったウイルスは、Aさん宅が50、Bさん宅が160。

これは単純な数字を使った例え話ですが、事実、**ウイルス量の多いところに的を絞って丁寧にお掃除するほうが効率的かつ効果的である**ということです。

もちろん、お掃除が大好きで、毎日家のなかを隅から隅までピカピカにしています！　というご家庭ならその必要はありませんが、そもそもそういう方は、本書を手に取ることもないのかもしれませんね（笑）。

✸ダイニングテーブルのウイルスは「一方向乾拭き」で除去する

ダイニングテーブルは、家のなかでもっともウイルスに汚染されやすい場所です。家族が集まり、会話がはずみ、飛沫が飛び交う場所だからです。

重い飛沫はダイニングテーブルの上に落下し、飛沫に含まれたウイルスはテーブルの表面でしばらく生存します。別の家族がテーブル上のウイルスに触れ、触れた手で目、鼻、口などの粘膜をさわることで、家族間での感染が広がっていきます。

この家庭内感染を防ぐには、**ダイニングテーブルをこまめに拭くこと**が大切です。**使用するのは、ペーパータオル、キッチンペーパー、ペーパー布巾など。**台布巾のように使いまわしをするものよりも、サッと拭いてパッと捨てられるペーパーを使用するほうが衛生上おすすめです。**ペーパーの材質によってはテーブルに傷が付くことがあるので、じゅうぶんに気を付けておこなってください。**

「席を立つときにサッとひと拭き」。これを習慣にしましょう。

ダイニングテーブルの正しいお掃除

S字を描くように一方向に乾拭きをします。

使用するのはペーパータオル。ティッシュペーパーだと、柔らかすぎてグニャッとなってしまうので不向きです。

テーブル1台につき1枚のペーパーで、一筆書きを描くように拭きあげます。最後は汚れた面をさわらないように気を付けながら捨てます。ペーパーを丸めたり畳んだりすると、その際に手に汚れが付着するので注意。

ダイニングテーブルの間違ったお掃除

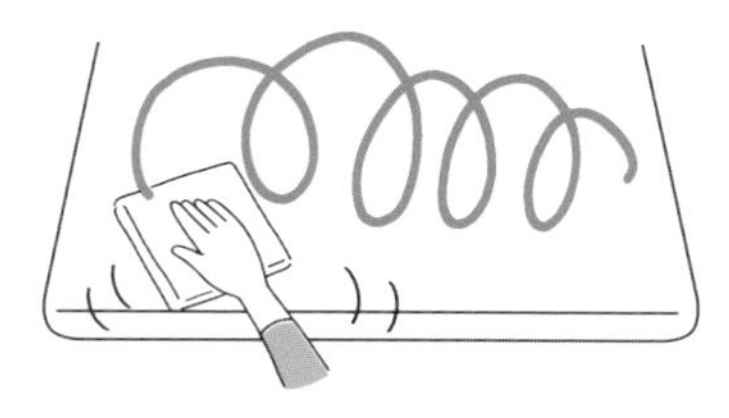

ぐるぐる拭き

これでは、テーブルの汚れがテーブル中に塗り広げられてしまいます。

ゴシゴシ拭き

ジグザグ行ったり来たりしながら、集めた汚れがあちこちに置き去りにされています。

水拭き

一見きれいになったように見えますが、きれいになったように見えるだけ。汚れは薄く塗り広げられています。

いきなりアルコール拭き

油性の汚れがアルコールに溶かされ、ウイルスをガードしてしまいます（64ページ参照）。

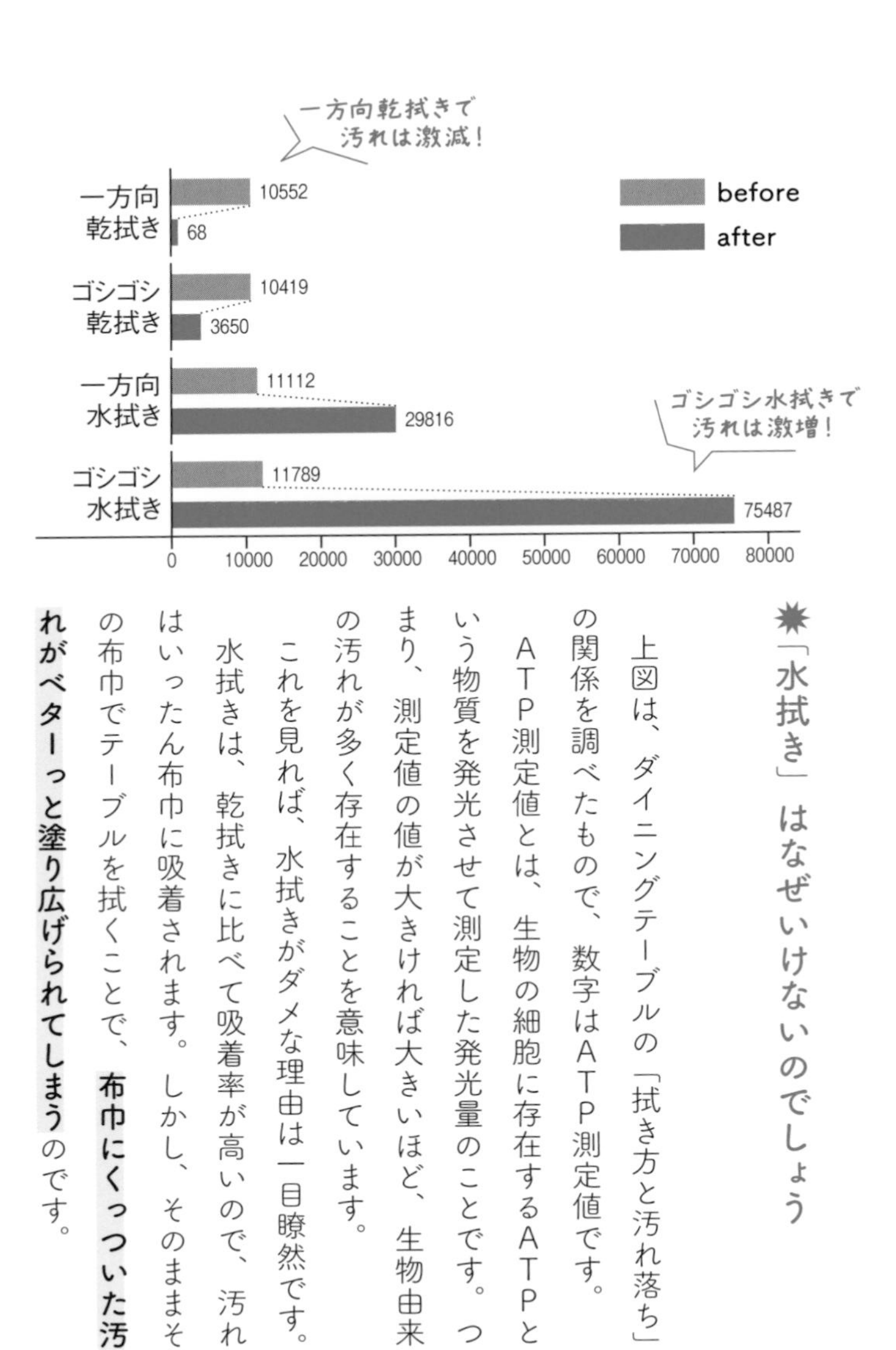

✷「水拭き」はなぜいけないのでしょう

上図は、ダイニングテーブルの「拭き方と汚れ落ち」の関係を調べたもので、数字はＡＴＰ測定値です。ＡＴＰ測定値とは、生物の細胞に存在するＡＴＰという物質を発光させて測定した発光量のことです。つまり、測定値の値が大きければ大きいほど、生物由来の汚れが多く存在することを意味しています。

これを見れば、水拭きがダメな理由は一目瞭然です。

水拭きは、乾拭きに比べて吸着率が高いので、汚れはいったん布巾に吸着されます。しかし、そのままその布巾でテーブルを拭くことで、**布巾にくっついた汚れがベターっと塗り広げられてしまう**のです。

よくある質問

Q 食後はさすがに水拭きしますよね？

A 食後でも、いきなり全体を水拭きしてはいけません。

食後、水拭きするとスッキリした気がしますよね。でも、やはりそれは間違いなのです。水拭きをすると汚れが塗り広げられて薄まるのできれいになった気がするだけ。じつは、汚れていないところまで、まんべんなく汚してしまっているのです。

食後は、まずは目に見える食べこぼし汚れを取り除きます。

ご飯粒などの固形物はティッシュなどでつまみ取ります。お味噌汁やお醤油などの水分汚れは、広げないように、ペーパーや布巾で押さえて吸い取ります。油汚れもペーパーや布巾で押さえるようにして拭き取ります。

そして、ご飯粒のベタベタやお醤油ジミなどは、部分的に水拭きします。水拭きで落ちない油汚れは洗剤（体に安全な重曹水がおすすめ）で部分拭きをします。

その後、全体を一方向乾拭きをします。

✷「いきなりアルコールスプレー」はなぜいけないのか

コロナ禍で、アルコールスプレーはすっかり家庭の定番になりました。

なかには、片手にアルコールスプレー、片手に雑巾をもって、あっちでシュッシュ、こっちでシュッシュ。「アルコールさえ振りかけておけば安心」。そんな方も少なくないようです。

たしかに、アルコールは新型コロナウイルスの除去に効果を発揮します（アルコールが効かないウイルスもあります〈次ページ参照〉）。

しかし、**汚れたところにいきなりアルコールを振りかけてはいけません**。

アルコールで溶けた皮脂などの脂汚れがウイルスをコーティングしてしまうため、除去の効果が薄れてしまうのです。

ですから、まずは一方向乾拭きで、テーブルの上の汚れをできるだけ取り除いておくことが大切です。アルコール除菌はそのあとでおこなうべきなのです。

✸拭き掃除の基本は「一方向乾拭き」

ダイニングテーブルの正しいお掃除方法として「一方向乾拭き」を紹介しましたが、これは、ダイニングテーブルだけでなく、**あらゆる拭き掃除の基本**です。

たんすの上や棚、テレビの液晶画面などを拭くときも、いきなり水拭きはせずに「一方向乾拭き」からはじめましょう。

ただし、乾拭きに使用するペーパーの材質によっては家具などに細かい傷が付く場合があるので、じゅうぶん注意しておこないましょう。

アルコールが効かないウイルス

ウイルスはその構造上「エンベロープウイルス」と「ノンエンベロープウイルス」の2種類に分類されます。

【エンベロープウイルス】 脂質性の膜に覆われています。この膜はアルコールで破壊され、感染力を失います。

（例）コロナウイルス、インフルエンザウイルス、ヘルペスウイルスなど。

【ノンエンベロープウイルス】 脂質性の膜をもたず、アルコールが効きません。「次亜塩素酸ナトリウム」が有効です。

（例）ノロウイルス、ロタウイルス、アデノウイルス、コクサッキーウイルスなど。

✸浮遊ウイルスを撃退する「空気のお掃除」

家族が集まって食事をしたり団らんしたりするダイニングルーム・リビングルームは、飛沫が飛び、ウイルスが浮遊するリスクの高い場所です。ですから、**空気感染を防ぐには、リビング・ダイニングの空気をきれいにすることが大切**です。

では、空気をきれいにするいちばんの方法は何だと思いますか？

それは「**換気**」です。そういうとみなさんは、「換気って、窓を開ければいいだけでしょ？」とおっしゃいます。

はい。そのとおりです。換気は窓を開けておこないます。けれど、効果的に換気をするには、ちょっとしたコツがあるのです。それをいまからお話しします。

換気の話は、いつかコロナが収束しても、ずっと役に立つはずです。新型コロナウイルスやその他のウイルスが家のなかにあろうとなかろうと、**空気をきれいにすることは、気持ちよく暮らすうえで、いつでも必要なこと**だからです。

新型コロナウイルスのおもな感染経路

よく知っていることだと思いますが、あらためて確認しておきましょう。

新型コロナウイルスの感染経路はおもに３通りあります。

①空気感染……空気中に浮遊する飛沫核を吸い込んで感染する経路。飛沫核とは、ウイルスを含んだ飛沫の水分が蒸発したものです。

②飛沫感染……ウイルスを含んだ飛沫を直接吸い込んで感染する経路。

③接触感染……感染者との直接的な接触や、モノの表面に付いたウイルスが手などを介して粘膜に接触して感染する経路。

＊このうち、①の空気感染を防止するには、空気をきれいにすることが重要です。

✷空気の通り道をつくりましょう

室内の換気は、感染症対策として有効であるだけでなく、ホルムアルデヒドなどの化学物質やハウスダスト、こもった匂い、人が吐き出した二酸化炭素などを外に出したり、湿度を調整する役割があります。これらの有害物質を効率よく外に排出するには、空気の通り道をつくることが大切です。

空気の通り道には、「入り口」と「出口」が必要です。つまり、窓を2か所開けるということです。

2か所の窓が対角に位置していると、空気の循環がよくなります（図1）。反対に、近くにある2つの窓を開けると空気の通り道が短くなり、換気効率は低くなります（図2）。リビング・ダイニングに窓が1つしかない場合は、ドアを開けて別の部屋の窓を利用します。（図3）。窓がなければ、扇風機やサーキュレーターを利用して、ドアを空気の出入り口とします（図4）。

風の通り道のつくり方

図1　対角線上の窓を開ける

Aから入り、壁にぶつかった風は、勢いを弱めて壁を這うように進み、角に突き当たると上下に抜けていきます。

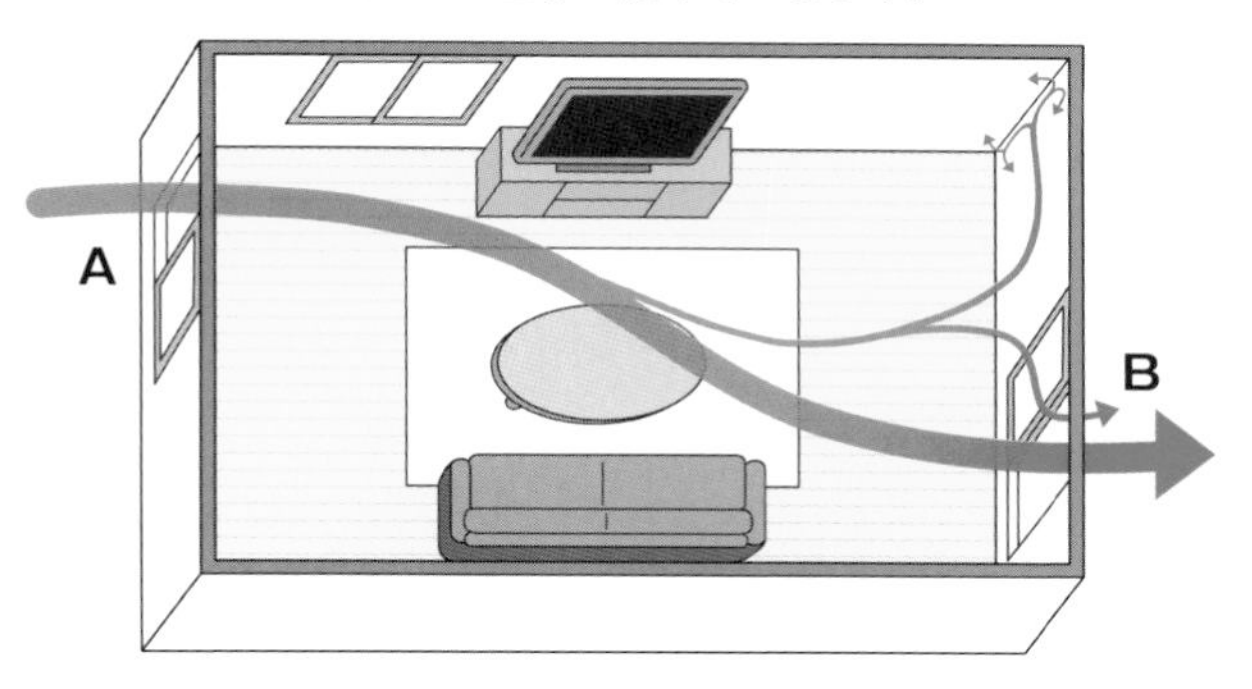

Aから入った風は、部屋を横断してBへと抜けていきます。

図2　近くの窓を開ける

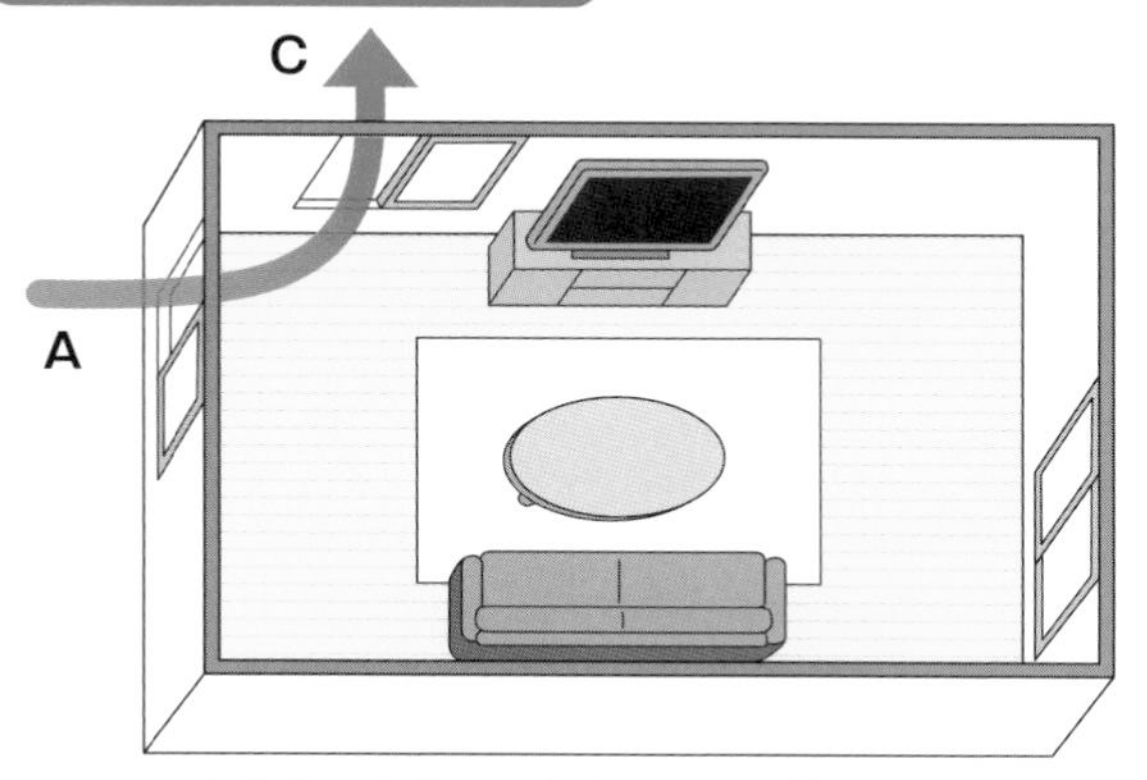

Aから入った風は、すぐにCから抜けてしまいます。

図３　窓が１箇所のリビング・ダイニングルーム

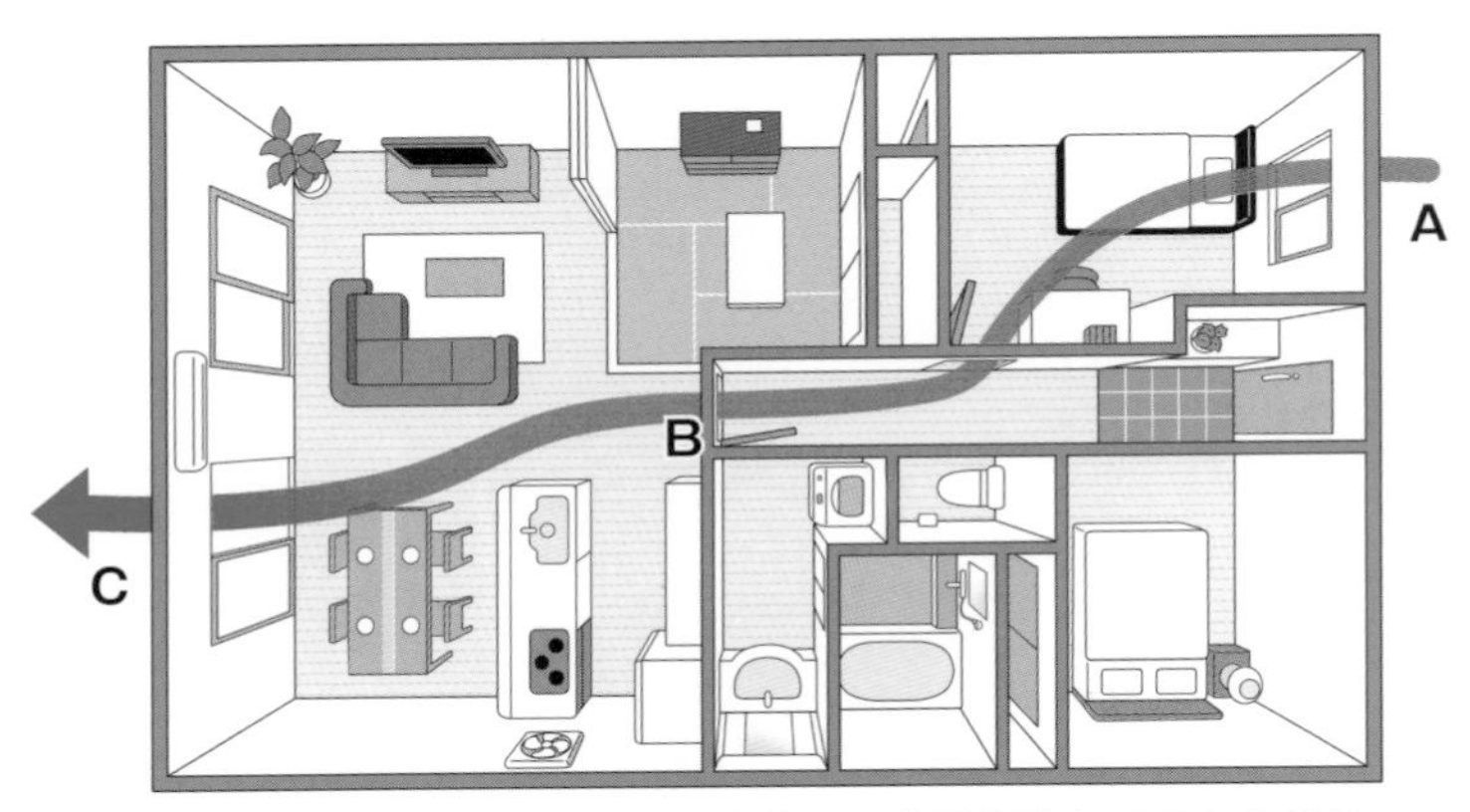

Ａから入った風は、Ｂのドアを抜け、廊下を進んでＣから抜けていきます。

図４　窓のない部屋

サーキュレーターなどを出入り口のドアに向けて稼働すると、室内の空気が追い出され、その分廊下から空気が流れ込みます。

よくある質問

Q 空気清浄機を使えば窓は開けなくてもいいの？

A 空気清浄機は換気の役割は果たしていません。

空気清浄機は室内の空気をいったん取り込んで、ウイルスや細菌、ハウスダストなどを除去したうえで、清浄な空気を再び室内へ放出するものです。

しかし、空気清浄機の役割はあくまでも「集塵」と「ろ過」であり、室内の空気と外の空気を入れ替える「換気」の役割は果たしていないのです。

フィルターの性能によって除去できる物質はかわりますが、ウイルス対策として使用できるものはあります。しかし、二酸化炭素や一酸化炭素などの気体に対しては効果がなく、これらを除去するには「換気」をするしかありません。

また、エアコンについてもときどき同じような勘違いをしている人がいますが、エアコンも、その多くが、室内の空気を取り込んで、冷やしたり温めたりして室内に吐き出しています。空気清浄機と同様に、換気の機能はありません。

✷空気の入り口は狭く、出口は大きく開ける

2か所の窓を開けて空気の通り道をつくるというお話をしましたが、このとき、2つの窓をどちらも全開にせずに、片方を狭く開けると換気効率がよくなります。これは、「空気は、狭いところから広いところへ移動するときに勢いがよくなる」という性質を利用した方法です。

つまり、**空気の入り口に設定したい窓は、10〜15㎝くらいに狭く開けます。そして、出口にしたい窓は、全開にします。**すると、狭い入り口から外の新鮮な空気が勢いよく室内に流れ込み、室内の汚れた空気を押し出しながら、大きな出口から出ていく、というイメージです（図5）。

リビングルームに窓が1つしかない場合は、リビングルームの窓を「出口」にします。これを逆にしてしまうと、感染危険度の高いリビングの空気が、家中を通り抜けていくことになるためです（図6）。

図５　空気の入り口の窓は狭く、出口は広く

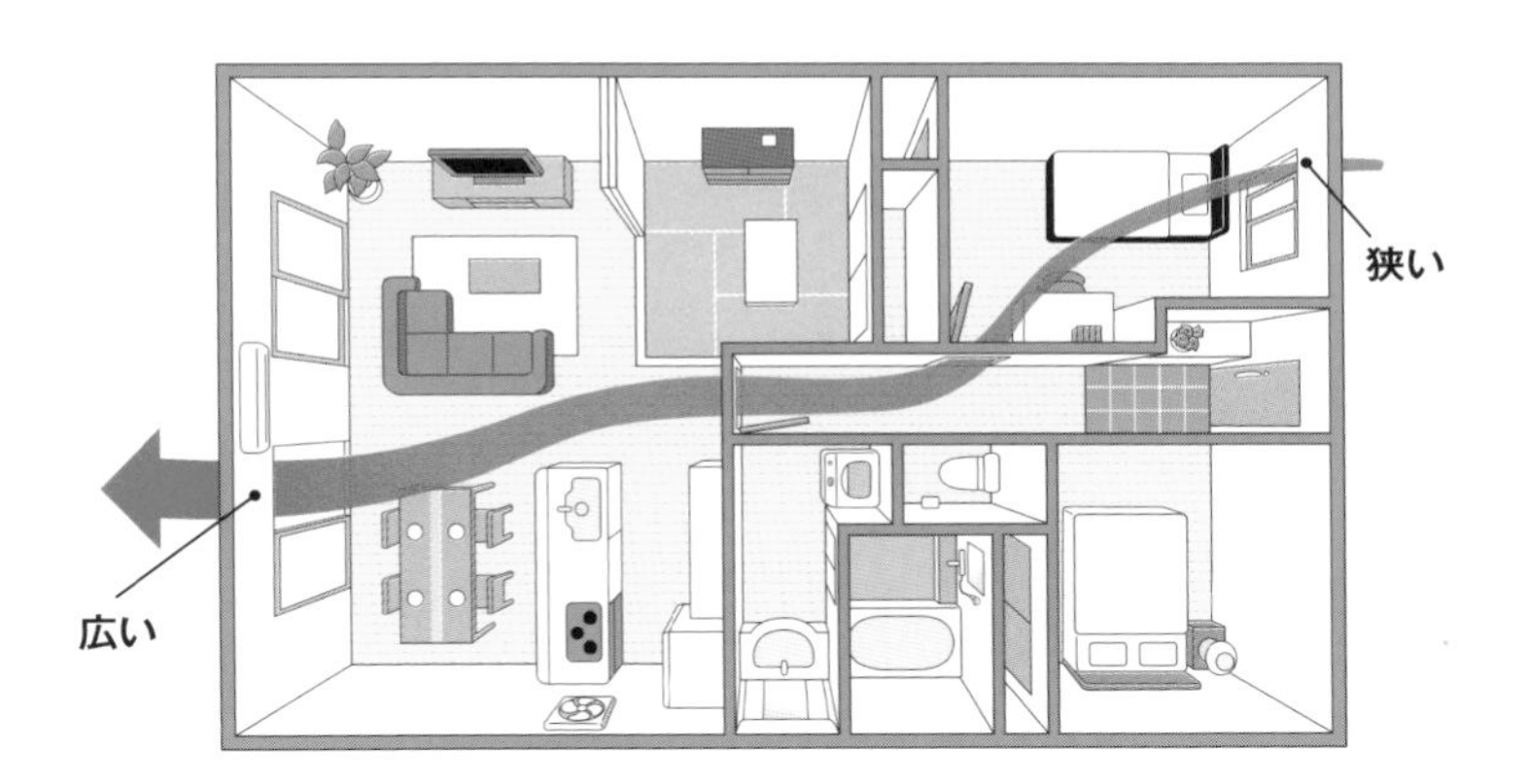

図6　入り口と出口を間違えると……

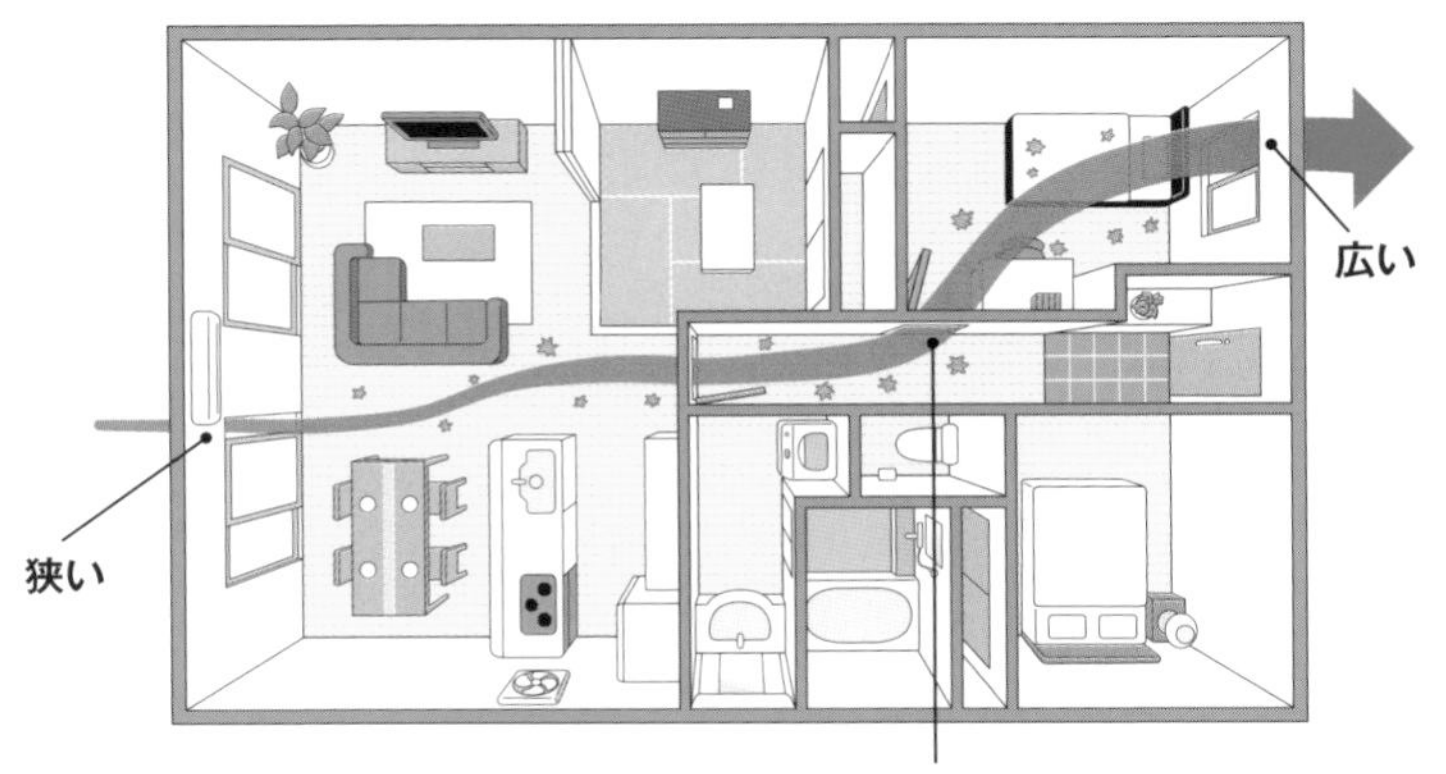

感染危険度の高いリビングの汚れた空気が、風に乗って拡大する

✸「暖かい空気は上へいく」という性質を利用する

空気には温められると上へいき、冷やされると下へいくという性質があります。
温度による影響が現れるのは、おもに夏と冬です。

【夏】

夏は冷房で冷やされた空気が下降します。すると、ウイルスはこの下降する流れに乗って、下のほうに溜まります（図7）。

夏、床や畳でごろ寝をしていると、のどが痛くなることはありませんか？
それは、エアコンや扇風機の風で体が冷えることと、もう1つ、冷やされた空気といっしょに下に溜まったウイルスなどの有害物質を吸い込み、のどの粘膜などが汚染されてしまったことが原因だと考えられます。

エアコンの風に不快感を感じたときには、扇風機やサーキュレーターを利用して、換気扇に向けて、人工的に空気の流れを変えてしまうのも1つのやり方です（図8）。

夏、冷房時の室内

図７　ウイルスは冷気といっしょに下に落ちる

エアコンで冷やされた空気とともに、ウイルスは下のほうに溜まります。小さな子どもや、畳で寝ている人などは、ウイルスを吸い込みやすい環境といえます。

図８　サーキュレータなどで空気の流れをつくりだす

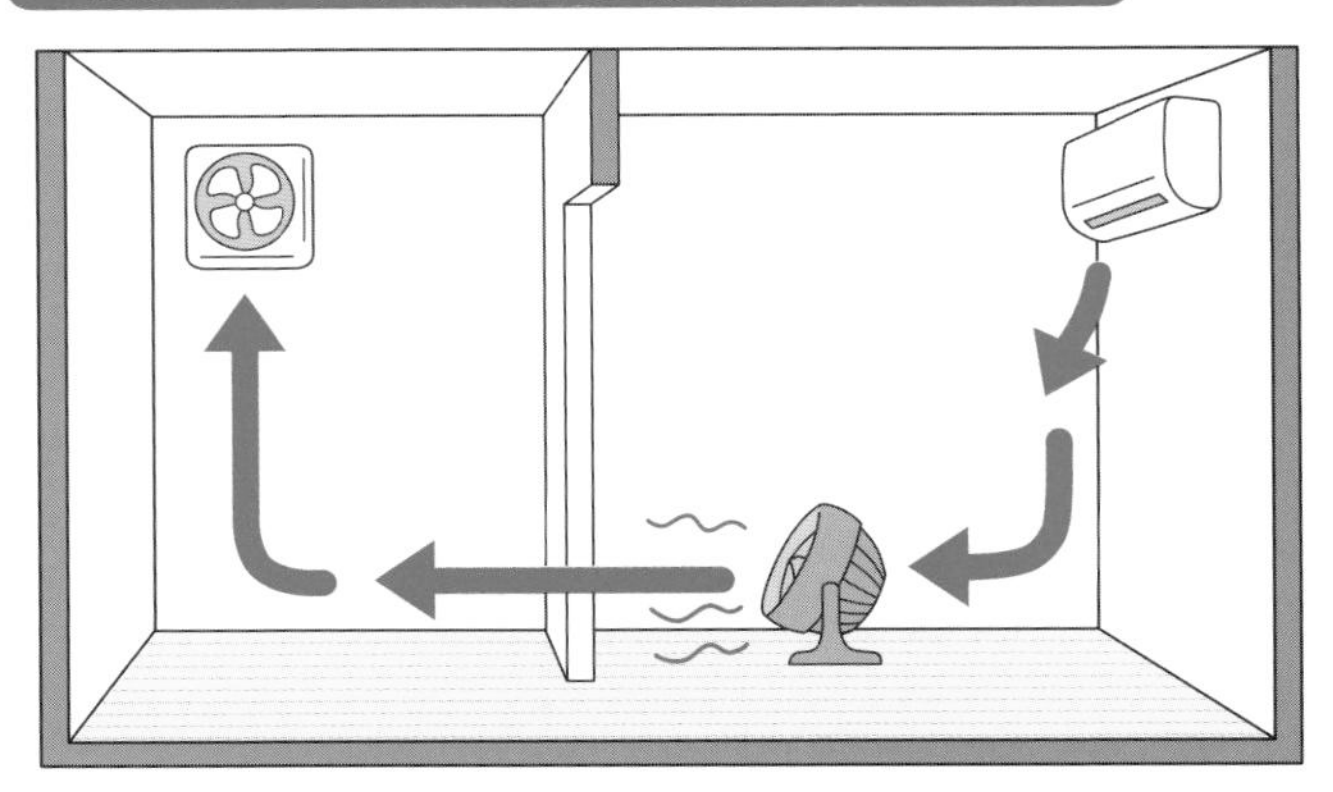

汚染された空気が下で溜まったままにならないように、サーキュレーターなどを使って、換気扇へとつづく空気の通り道をつくります。

【冬】

冬は、暖房で温められた空気が上昇します。すると、ウイルスはこの上昇する流れに乗って、上へ上へと移動します。

この性質を利用した、「温度差換気（重力換気）」というものがあります。

それは、家の下部から冷たい外気を室内に取り込み、室内で温まって上空に移動した空気を上部の窓から吐き出すというものです（図9）。このとき、空気の入口となる下側の窓を狭く開けて、出口となる上側の窓を広く開けると、空気はより勢いよく流れるようになります。

「高い位置、低い位置に窓がない！」というお宅でも、掃き出し窓（床から天井程度の高さの窓）を開ければ、自然と下方から冷気を取り込み、上方から暖気が排出されることになります。

なお、夏の場合の温度差換気は逆になります。

逆というのは、外の熱い空気が窓上部から室内へ流れ込み、室内の冷えた空気が窓下部から外へ追い出されるということです（図10）。

このように、**空気の流れと温度は、非常に密接な関係**があります。

空気の通り道をつくるときには、「暖かい空気は上へ、冷たい空気は下へいく」という性質を考慮しながら考えるとよいでしょう。

冬、暖房時の室内

図9　室内暖房時の温度差換気

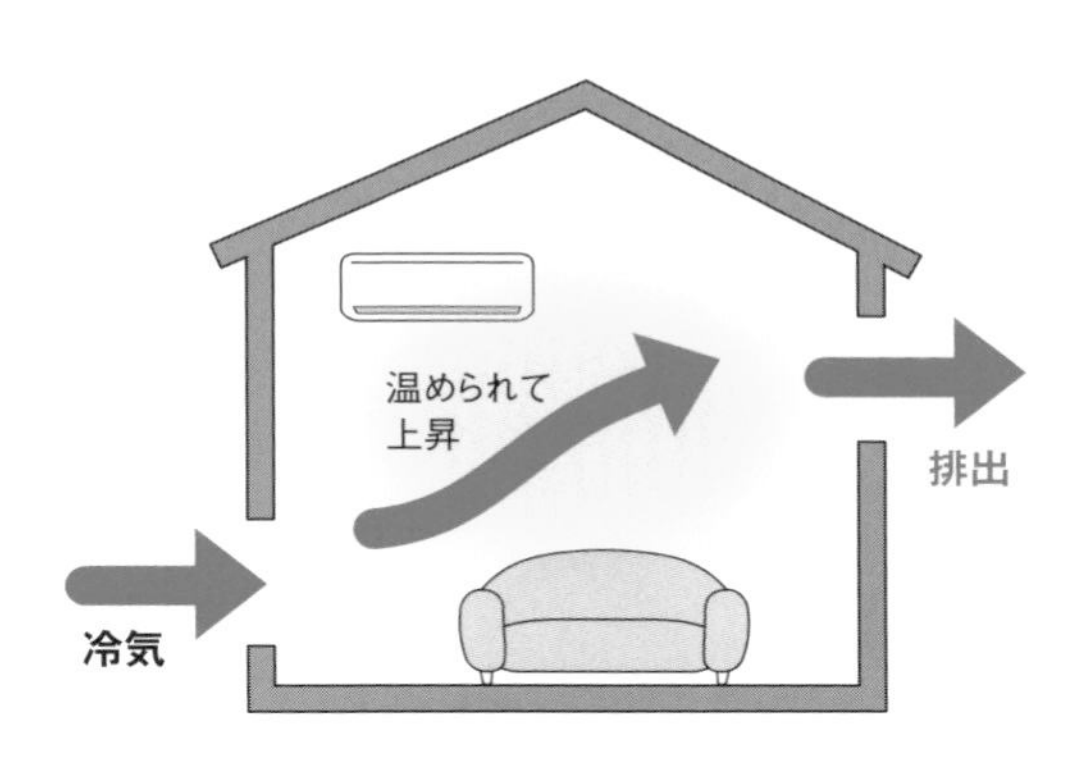

図10　室内冷房時の温度差換気

図11　換気扇を活用する

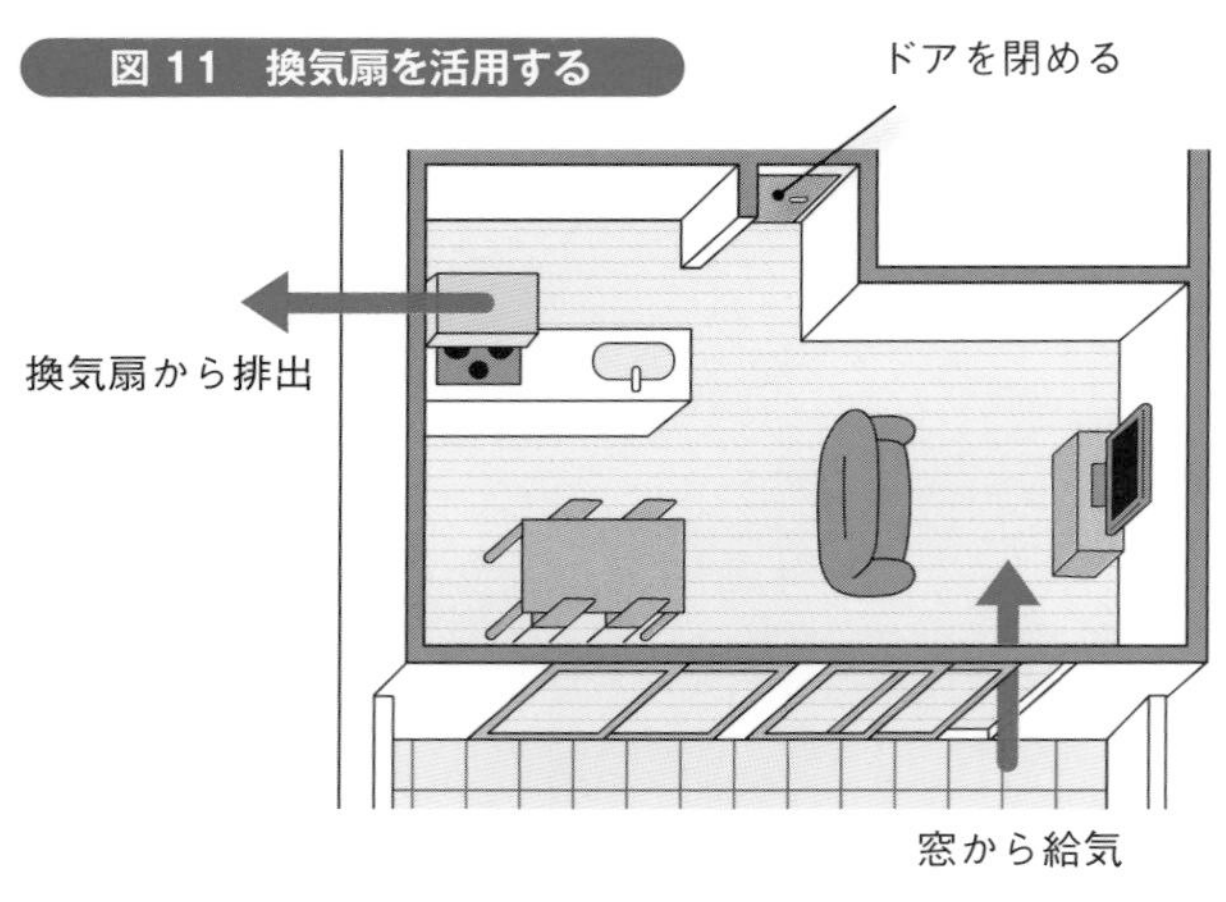

✷キッチンの換気扇を有効に活用する

ほとんどのお宅のキッチンには換気扇が付いていると思います。いうまでもありませんが、キッチンの換気扇は、おもに調理の際に生じる煙や湯気や油などを、**機械の力で強制的に吸い込んで、外に排出する**ために使用します。

しかし、こんなに便利なものを、調理のときだけに使うのはもったいない話です。なぜなら、換気扇が強力なパワーで吸い込み、外に吐き出してくれるのは、なにも調理中の煙だけではないからです。

図11は、リビング、ダイニング、キッチンが一体となった構造で、窓はベランダ側の1面のみとなっています。

このような場合、**ベランダ側の窓を10〜15㎝開けてキッチンの換気扇を回せば、空気の出入り口が簡単にできてしまう**のです。

換気扇のパワーは強力なので、この方法はたいへん効率的です。

家族団らんでリビング・ダイニングに人が集まっているときは、リビングのドアを閉めきってしまいます。この状態で窓を10〜15㎝開けて、換気扇を回せば、空間が狭いぶん、より効率的にリビング・ダイニングを換気することができます。

ちなみに、2003年から、24時間換気システムの住宅への導入が義務付けられています。これは、壁に取り付けられた通気口（換気口・給気口）を通して外気が室内に入り、室内の空気はキッチンの換気扇や洗面所、浴室、トイレの天井などに設けられた排気ファンによって外に排出されるシステムです。

それ以前の建物でも、壁に通気口が取り付けられている場合があります。換気のためには常に開放しておくことをおすすめします。

✸「空気の流れ」を感じることが大切です

換気についてのお話をいろいろとしてきましたが、窓の数や大きさ、位置、それに、家の間取りや家具の配置、換気扇の状態などによって、換気の効率は異なります。「このやり方が正解！」ということは、一概にはいえないのです。

だったらどうしたらいいのでしょう？

それは、「感じる」ことです。

- ここは空気の通り道になっている
- ここは空気がどよーんとしている
- こちらの窓を開けると空気の流れはどう変わるか
- あちらの窓を閉めるとどう感じるか

そんなことを感じながら、いろいろ試してみてください。

そうやって、**感覚を研ぎ澄まし、自分自身が心地よく感じられる空間をつくるこ**

とが、じつはいちばん大事なことなのです。

初めのうちは、空気がどう流れているのかわかりにくいこともあるかと思います。

そのようなときに、空気の流れをたしかめる簡単な方法をご紹介しましょう。

風・探知棒で空気の流れを調べよう

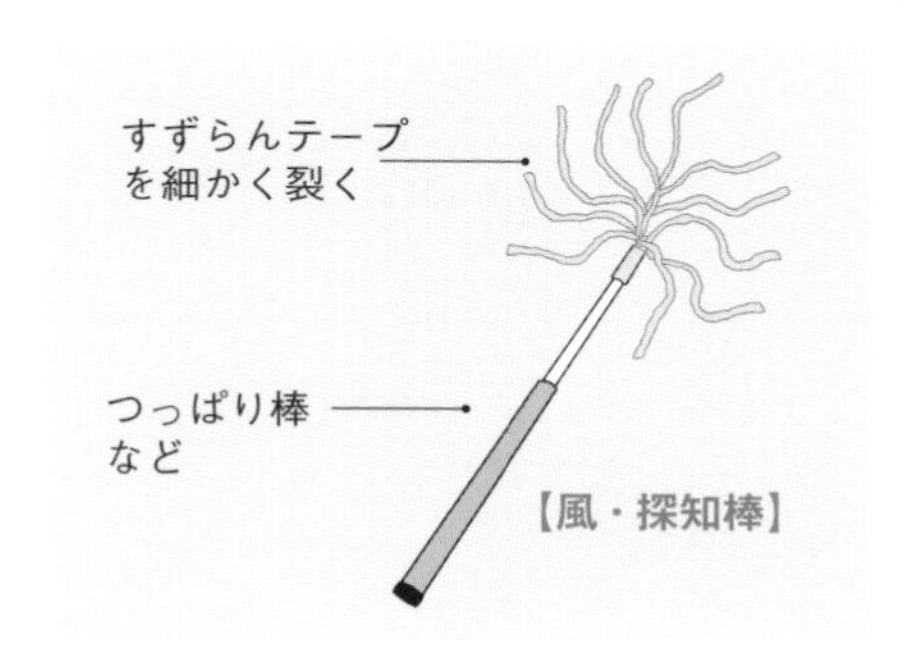

風の流れを調べる

給排気口の働きを調べる

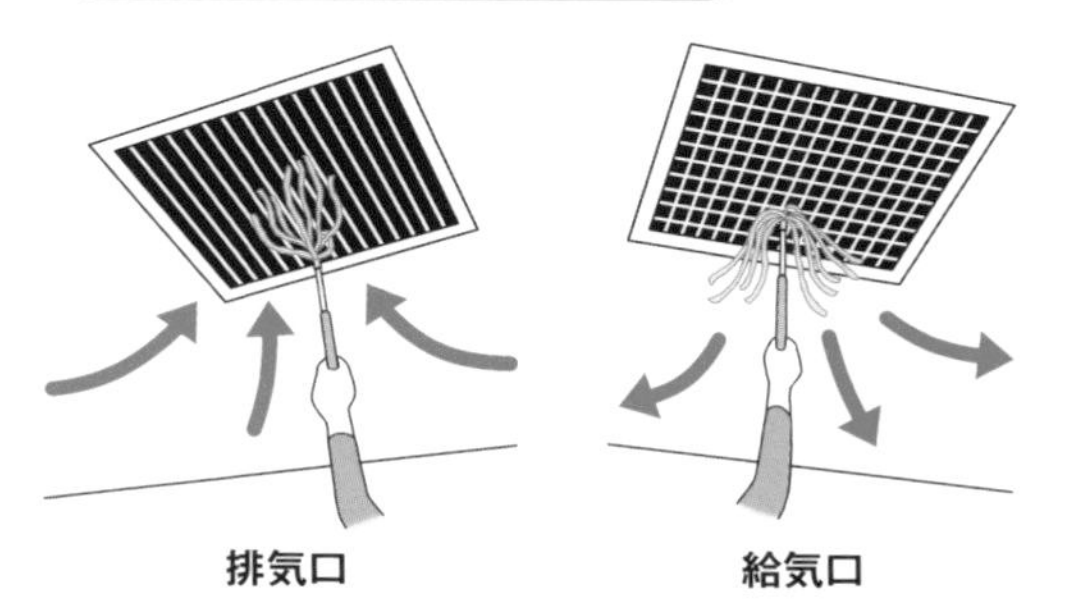

✸床に落下したウイルス、壁に付着したウイルスを取り除く

感染者の体から、飛沫とともに室内に放出されたウイルスは、重いものは落下し、軽いものは空中を漂いやがて落下することになります。

59ページで、家庭内感染リスクの高いダイニングルームやリビングルームのテーブル上に落下したウイルスの除去についてお話ししました。また、空中に漂うウイルスを除去するのに役立つ換気の方法についてもお話ししました。

「これで完璧！」と思いたいところですが、もう少しつづきがあります。

それは、「床に落下したウイルス」と「壁に付着したウイルス」についてです。

ウイルスは人の皮膚に付着しただけでは感染しませんし、床や壁をさわった手を、そのまま口に入れたり、その手で目や鼻に触れたりすることは、めったにありません。ですから、床や壁のウイルスについてはあまり神経質になる必要はありません。

ただし、小さなお子さんがいるご家庭は心配ですよね。

なぜなら小さなお子さんは、そのめったにない行動を日常的にしているからです。

とはいえ、床にまんべんなくウイルスが落ちていたり、壁にべったりウイルスが付着しているという状況は、まずありえませんし、たまたま大量のウイルスが床や壁にあって、たまたまそこに手をついて、たまたまその手をなめてしまうといった状況が頻発するとも考えにくいです。ですから、血まなこになって床や壁のウイルス除去をする必要はありません。

そもそも床にはウイルス以前にゴミやホコリが落ちていて、みなさんはふだんからお掃除をしていますよね。

それでいいのです。**あらためて、「さあ、今日は床と壁のウイルスを除去するぞ！」と頑張らなくても、ふだんのお掃除でいいのです。**

ただし多くの人が、ふだんのお掃除のやり方を間違えていることが問題なのです。

それではここからは、「ウイルス除去を兼ねた、ふだんの床・壁掃除」についてお話しすることにしましょう。

✸いちどお掃除をやめてみる

床の上には外から入ってくる土ボコリや、花粉、髪の毛、食べ物のカス、洋服や布団などから出る細かい繊維などが落ちています。

これらは風に乗ってころころ転がりながら、くっつき合って、どんどん大きくなっていきます。

これが、いわゆる「綿ボコリ」です。

もしも床の上にウイルスが落ちていたら、ホコリはころころ転がりながら、ウイルスも巻き込んでいきます。ウイルスだけでなく、細菌やカビの胞子、ダニ、ダニの死がいやダニのフンなどの病原も巻き込んでいきます。

このようなホコリを私は「病原ホコリ」と呼んでいます。

病原ホコリは嫌なものですが、**目に見えないウイルスや細菌、カビの胞子やダニなどの病原を可視化してくれている**と、前向きにとらえることもできます。

見えない敵にはどうやって立ち向かえばいいのかわかりませんが、ホコリといっしょになって可視化されれば、対処のしようも出てきます。試しに「1週間くらいお掃除をしない実験」をしてみると、いろいろなことが見えてきますよ。

どうですか？　ホコリは大きくなって、発見しやすくなりましたね。
では、少し観察してみましょう。
ホコリはどこに多く溜まっていますか？
リビング？　寝室？　脱衣所？
リビングのどのあたり？　ソファーの下？　テレビの裏？

じつは、ホコリが多く溜まる場所は、ご家庭によって異なります。
間取りや家具の配置、家族構成や、人間の動線などが、それぞれのご家庭によって異なるからです。エアコンや扇風機、換気扇、空気清浄機の使い方によってもホコリの動きは変わってきます。しかし、基本的には**室内や廊下の真ん中ではなく、**

隅に溜まると考えて大きな間違いはないでしょう。

人の動きの多い部屋や廊下の真ん中付近で舞い上がったホコリは、空気の流れに乗って移動し、壁や家具にぶつかって、落下するからです。

おそらく「1週間くらいお掃除をしない実験」でもそれが実証されるでしょう。しかし、あるご家庭では、部屋の隅と同じくらい、出窓にホコリが溜まっていたということがわかりました。

また、玄関からリビングにつづく1本の廊下でも、場所によってホコリの量や質が違うというご家庭がありました。

このように、**ホコリの溜まり具合を観察してみると、いろいろな発見がある**ものです。

そして、**その発見はこれからのお掃除に活かすことができる**のです。

「うちはここにホコリが溜まるから、ここだけは毎日お掃除しよう」

「ここはほとんど汚れないから、週1で大丈夫」そんなふうにできたら、ずいぶん気が楽になると思いませんか。

ホコリの動きを知ろう

風のない部屋では重いホコリは落下し、軽いホコリはしばらく浮遊します。

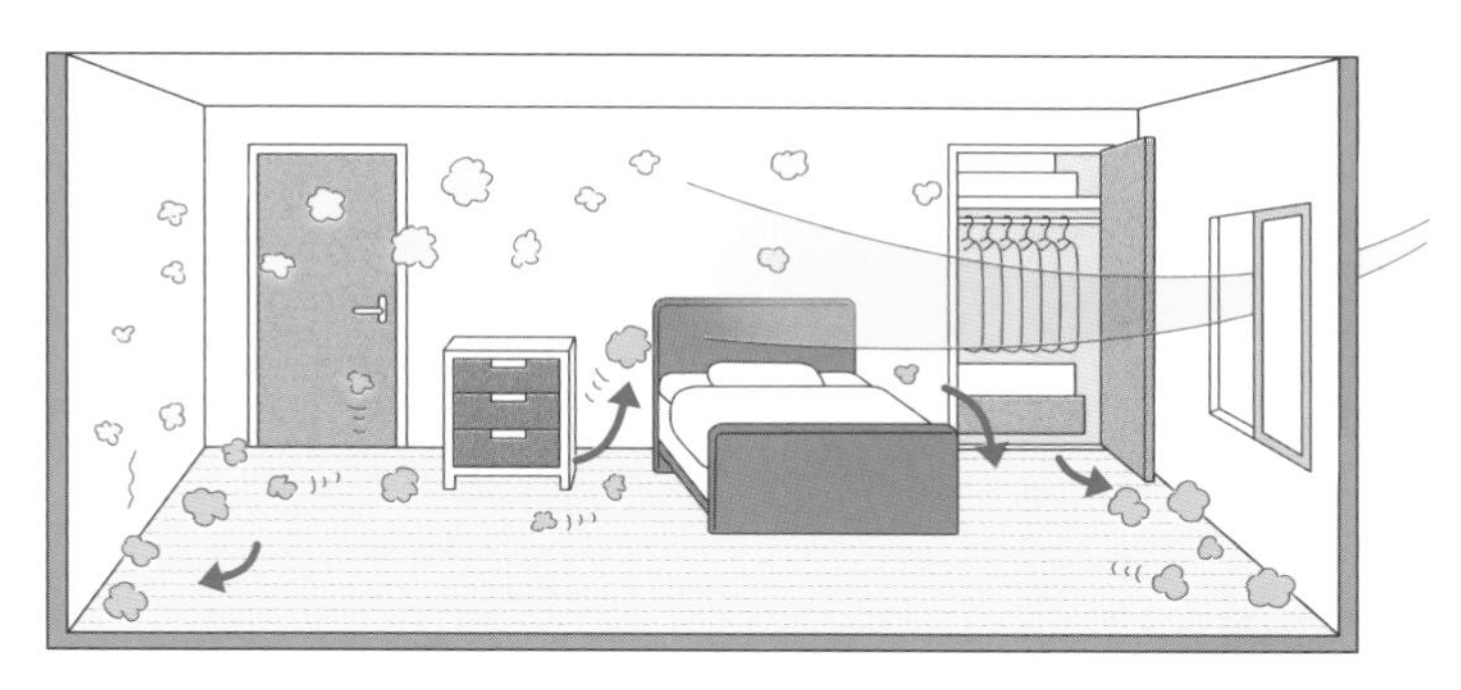

風が吹くと、浮遊しているホコリは空気の流れに乗って移動し、壁や家具にぶつかってそのままそこにくっついたり、落下したりします。
床や家具の上などに落ちていたホコリは、風にあおられ、ふたたび舞い上がり、空気の流れに乗って移動します。そして、壁や家具にぶつかって、くっついたり落下したりします。
隅に落下したホコリはくっつき合い、ころがって、大きくなっていきます。

✷フローリングの床掃除の正しいやり方

みなさんは、ふだんのフローリングの床掃除はどうしていますか？

掃除機？　フロアモップ？　ほうき？　雑巾がけ？　お掃除ロボ？

だいたいこの5つのうちのどれかを使っていると思いますが、私のおすすめは、フロアモップです。


【掃除機】

排気によって室内のホコリを舞い上げます。近年は空気清浄フィルターなどによって排気のきれいな掃除機が多くなりましたが、いくらきれいな排気でも、ホコリを舞い上げてしまうのは掃除機の性。どうする術もありません。


【ほうき】

見えない敵に対しては、ほうきは不向きです。理由は2

掃除機の排気で、床のホコリがまき散らされる

つ。1つは、風を起こしてホコリを舞い上げること。2つ目は、ほうきは大きなゴミは取れますが、土ボコリくらい細かくなると、一本一本の隙間をすり抜けてしまい回収できません。土ボコリが回収できないなら、ウイルスも当然回収できません。

【雑巾がけ】
62ページで説明したように、いきなり水拭きするのは汚れを薄く塗り広げているようなものですから、NGです。一方向乾拭きならOKですが、床全部を乾拭きするとなると、少し骨が折れますね。

【お掃除ロボ】
お掃除ロボはファンが回っているため細かいホコリが舞い上げられてしまいます。また、隅っこは苦手、湿気や静電気で貼り付いたホコリは上手に取れません。こうした欠点をわかったうえで、必要なときに便利に使うといいでしょう。

【フロアモップ】
床の上の細かい病原ホコリを除去するのは、フロアモップが適していますが、正しい方法でおこなうことが重要です。

フロアモップの正しい使い方

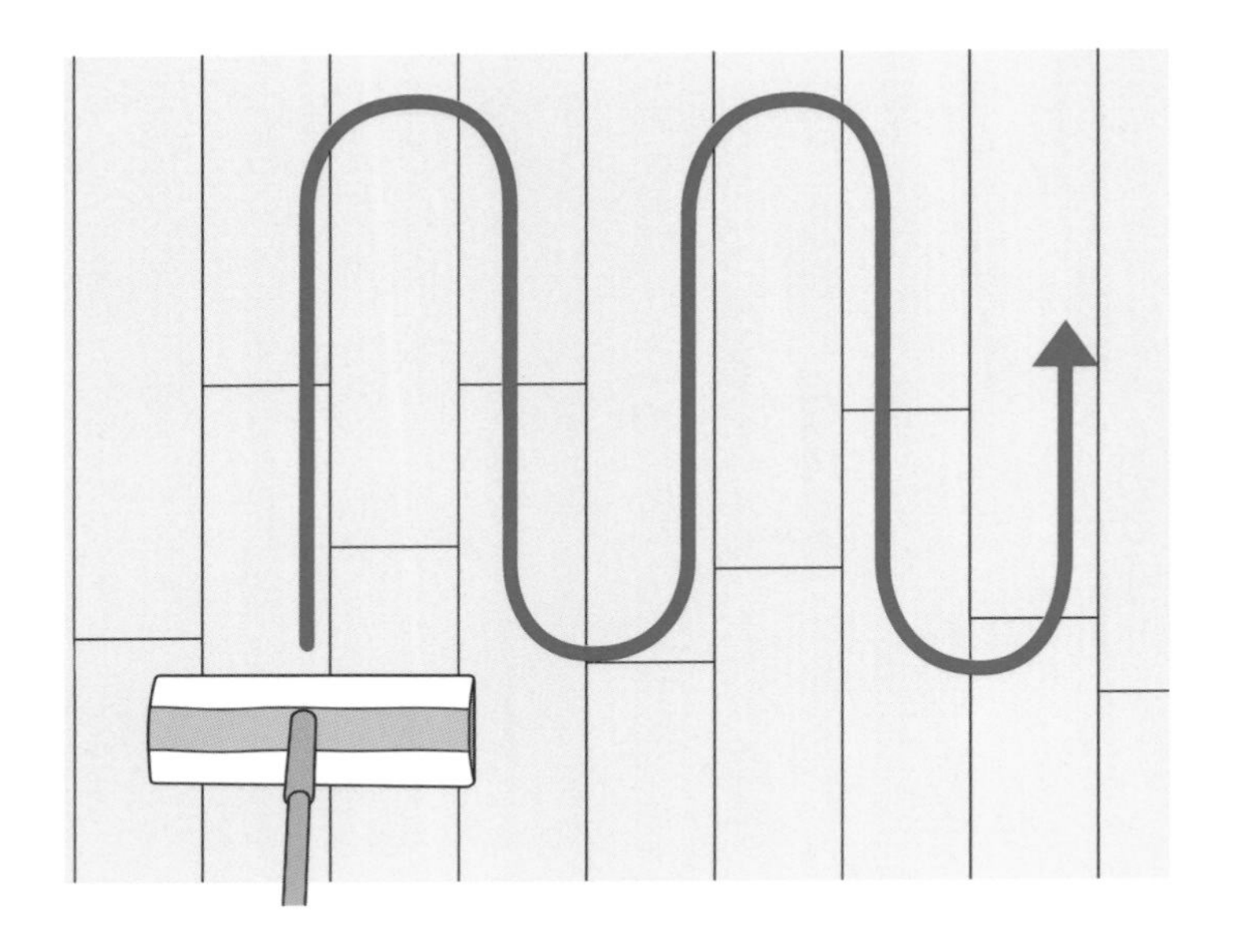

フローリングの床は、まずはドライシートで乾拭きをして、表面の小さなゴミや病原ホコリを拭き取ります。動かし方は、60ページの一方向乾拭きと同様に、一筆書きをするように、一方向に動かします。

このとき、体の動きで風が起きてホコリが飛散してしまわないように、ゆっくり動くことが重要です。それでも除去しきれないホコリはかすかな風にあおられて、壁沿いに移動しますので、フローリングのお掃除は中央から初めて、最後の仕上げにぐるっと壁沿いを拭きあげます。

フロアモップの間違った使い方

ゴシゴシ拭き

ゴシゴシと往復拭きした先に、ホコリが取り残されてしまいます。

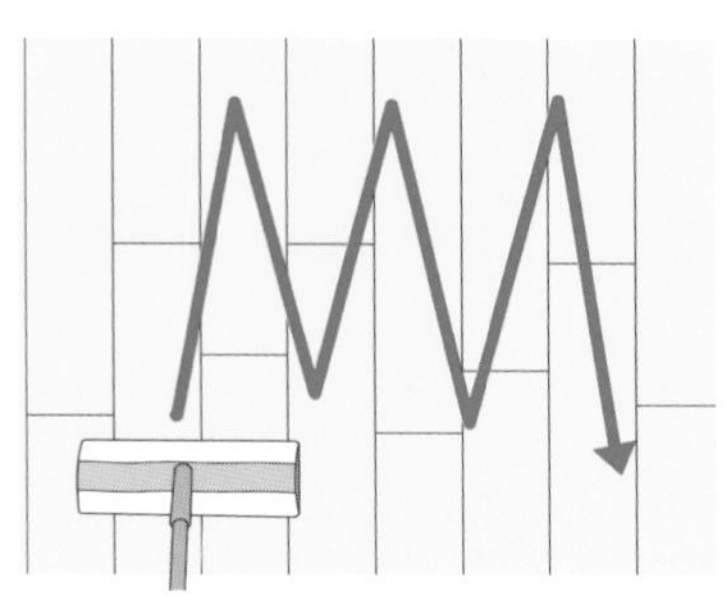

スピード拭き

大急ぎでフロアモップを動かすと、風が起こり、ホコリが飛散してしまいます。

端から拭き

端っこから掃除していくと、除去しきれなかったホコリが舞って、また端っこに集まっていきます。ホコリの集まりやすい端っこは、最後に拭き取りましょう

✸お掃除に適した時間を知る

2021年1月、東京都内の鉄道会社の運転士などが、新型コロナウイルスに集団感染したというニュースが流れました。そのとき、感染が広まった要因の1つとして挙げられたのは、運転士の宿直施設にある洗面所の蛇口です。保健所や識者による推測の域は出ませんが、うがいや歯磨きで洗面所を使用した際に、感染者の飛沫が蛇口などに飛散したのではないかと考えられました。

感染対策のための手洗い・うがいが、逆に感染を引き起こす原因となり得るというのは、とても残念なことです。

家庭内でも同様のリスクがありますので、洗面所のウイルス対策には手を抜かないことが大切です。

……こう書くと、なんだかすごくたいへんなことのように思いますが、そんなことはありません。

時間帯を絞ればいいのです。

洗面所がもっとも汚れるのはいつですか？

一般的には、朝と夜ですよね。

だったら**朝、家族が支度を終えたころと、夜、みんなが寝る前の歯磨きを終えたときをみはからって、お掃除をすればいい**のです。

飛沫が飛びそうなところをサッと乾拭きして、落ちない汚れをピンポイントで水拭き、洗面ボウルをスポンジでクルクルっと洗う。水気をサッとぬぐって終了。1分か2分あれば、余裕で終わります。

毎日2回、こうやってお掃除をしていれば、水アカがこびり付くこともありませんから、本当に楽ちんです。

このように、**「お掃除に適した時間」**を知ると、効率がアップします。

それは洗面所だけの話ではありません。すべての場所のお掃除にいえることなのです。

✸床掃除のベストタイムは起床直後

洗面所のお掃除ではありませんが、「時間とお掃除の関係」つながりで、1点、お話ししたいと思います。

それは、家全体をとおした床のお掃除についてです。

88〜91ページで、フローリングの床のお掃除はフロアモップがよいと話し、その正しい使い方を説明しました。

ここでは、それに加えて「時間」も考慮すると、より効率的にきれいになるという話をします。

住まいのホコリはとても小さくて、窓から入るわずかな風や、人の動きで生じる空気の流れなどでも簡単に舞い上がり、飛散します。そして、舞い上がったホコリは、小さいものだと8時間から9時間かけて、ふたたび床に落下します。

風を起こしてホコリを巻き上げるホウキがNGなのも、フロアモップをかけるときに風が起きないようにゆっくり動くのも、「落ちているホコリをお掃除しようとして⬇逆にホコリを舞い上げ⬇舞い上がったホコリが9時間後に落下⬇落ちているホコリを掃除しようとして⬇逆にホコリを舞い上げ⬇舞い上がったホコリが9時間後に落下⬇……」という無限ループに陥らないためなのです。

それではここで、ホコリが落下するのにかかる、8時間から9時間という時間に注目してください。

これは、睡眠時間とほぼ同じくらいですね。

つまり、寝ているあいだに空中を舞っていたホコリは私たちが寝ているあいだに床に落下するということです。ということは、**朝起きてすぐ、誰も動き回らないうちに静かに、静かに、床掃除をすればいい**のです。

あるいは、**仕事や学校で長時間家を空けていることの多いご家庭なら、帰宅後すぐに、床掃除をすればいい**のです。例えば、玄関にフロアモップを置いておいて、床掃除をしながら室内に入っていくというのはいい方法だと思います。

このように、**お掃除の効率化と時間帯というものは、密接な関係にある**のです。

✴ノロウイルスのトイレ対策

トイレのなかでおしゃべりはしませんから、飛沫が飛ぶ心配はほとんどありません。しかし、体のなかのものを出すところなので、十分注意する必要があります。

みなさんは、ノロウイルスをご存じですか？

激しい嘔吐と下痢を伴う症状を引き起こす、感染力の非常に高いウイルスです。

知人から、次のような話を聞いたことがあります。20年ほど前、その知人は、あるイベントで、ノロウイルスの集団感染に直面しました。事の起こりは材料に使われていたキャベツ。ここに一人の陽性者からウイルスが付着し、それを食べた者に感染、また別の者に感染……と、次々と感染が広まり、あれよあれよというまに、街中の病院にノロウイルスの患者があふれたそうです。

このように、**ノロウイルスの恐ろしさはその感染力**です。

死に至るまで重篤化することは稀（まれ）ですが、激しい下痢と嘔吐が起こりとても苦しいため、できれば感染したくありません。

トイレは、そんなノロウイルスを含むさまざまなウイルスの感染危険地帯ですので、ふだんから、その意識をもってお掃除をすることが大切です。それはつまり、**「掃除がいちばんのリスク。見えない敵を浴びる行為である」という意識**です。

鼻や口からウイルスを吸い込まないようにマスクをすること。手袋も必須。少し大げさなようですが、ゴーグルで目を守ることも大切です。

ドアノブや水洗レバー、便器のフタ、便座などは、トイレ専用の使い捨てシートで拭いたり、専用の薬液を吹き付けてペーパーで拭き取ります。

便器のブラシも、衛生を考えれば使い捨てのものが安心ですが、最近ではトイレブラシを使わずに便器をきれいにできる洗剤もあります。私が自宅でも使っている洗剤は、「洗浄力　モコ泡わトイレクリーナー（エステー株式会社）」です。ブラシでこすらなくても汚れがきれいに落とせるだけでなく、便器がピカピカになるのです。

私も使ってみて驚いたのですが、泡でモコモコになったり、いい香りがしたり、ピカピカになったりすると、お掃除が楽しくなりますよね。

床はトイレ専用のフロアモップで表面のホコリを除去します。そのあとで、気になる汚れを専用の洗剤で除去します。

このようなごくふつうのお掃除を、朝1回、家族が使用したあとにおこないます。**感染症の患者がいるときには、このあとウイルス除去をおこないます。**使用するのは、アルコール、または、次亜塩素酸ナトリウム。

一般的に、コロナウイルスなどエンベロープに覆われたウイルスはアルコールが効果的。ノロウイルスなどのノンエンベロープウイルスはアルコールが効きにくいため、次亜塩素酸ナトリウムを使用します（47ページ参照）。

アルコールについてはいろいろな種類がありますが、ウイルス除去に使用するのは70％以上95％以下のものです。どうしても70％以上のアルコールが手に入らないときは、60％台のアルコールで代用します。**拭き取る場所に水分があるとアルコールが薄まり効果が落ちます。**水気を取ってから使用しましょう。

次亜塩素酸ナトリウムについては、塩素系漂白剤を薄めて使用します。使用方法は、次のページを参考にしてください。

塩素系漂白剤を消毒に使用する方法

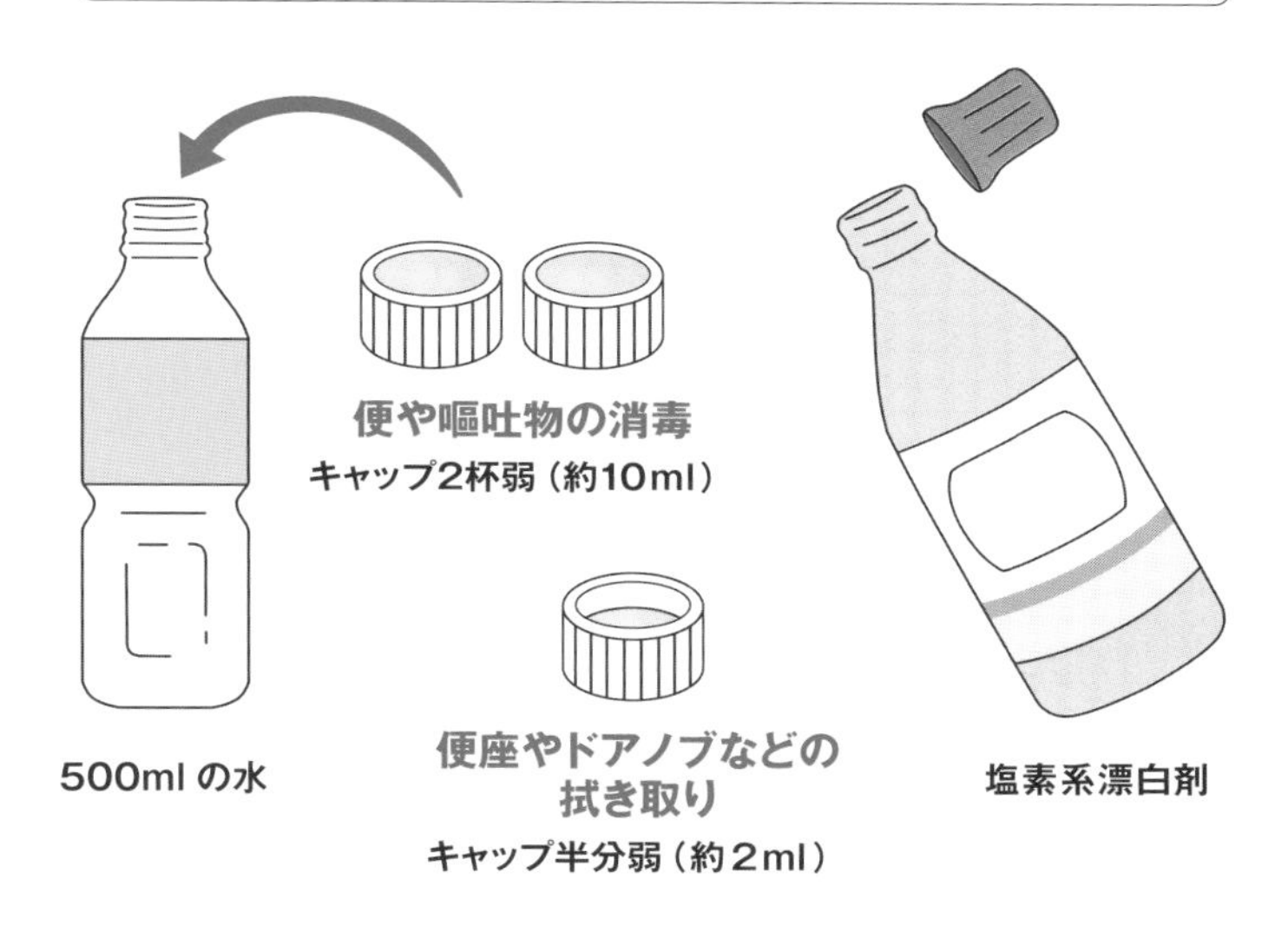

トイレの便座などを拭きとるとき

………約 0.02％の希釈液を使用。500ml のペットボトルの水に、ペットボトルのキャップ半分弱（約2ml）の塩素系漂白剤を入れる。

便や嘔吐物を消毒するとき

………約 0.1％の希釈液を使用。500ml のペットボトルの水に、ペットボトルのキャップ２杯（約 10ml）の塩素系漂白剤を入れる。

＊塩素系漂白剤は５％のものを使用すると仮定
＊薄めた塩素系漂白剤液は時間がたつと効果がなくなるため、つくり置きはできません

次亜塩素酸ナトリウムとアルコールの特徴

<table>
<tr><th colspan="2">薬品名</th><th>特徴</th><th>注意点</th></tr>
<tr><td colspan="2">次亜塩素酸ナトリウム</td><td>キッチンのまな板や食器、布巾などの殺菌や漂白で活用されている薬液で、ほとんどの微生物に効果があります。ノロウイルスなど、アルコールの効かないノンエンベロープウイルスにも有効です。</td><td>・トイレ用洗剤に多い酸性洗剤と混合すると、有毒ガスが発生します。絶対にいっしょに使用しないこと。
・有機系の汚れがあると効果が低下します。汚れをじゅうぶんに取り除いたあとに使用しましょう。
・漂白作用があるので、皮膚や衣類などに付かないように注意しましょう。</td></tr>
<tr><td rowspan="2">アルコール</td><td>濃度99・5%以上（無水エタノール）</td><td>洗浄力が高く、すぐに蒸発するので、電気製品などの汚れを落とすのに使用されます。逆に、瞬時に蒸発するため、ウイルス・細菌の除去には不向きです。</td><td rowspan="2">・刺激があるので、傷や手荒れのあるときには注意しましょう。
・濃度の高いものは蒸発しやすく、また、可燃性の蒸気が発生します。絶対に、火気のあるところでは使用しないでください。
・エタノールに対して深刻なアレルギーをもつ人がいます。皮膚にかかるとただれたり、揮発した気体を吸って気道が腫れ、呼吸困難を起こすこともあるので、じゅうぶんに注意して使用しましょう。</td></tr>
<tr><td>濃度76・9～81・4%（消毒用エタノール）</td><td>無水エタノールより濃度が低いぶん、その場にとどまって、効果を発揮します。</td></tr>
</table>

Part 2

怖いのは食中毒です――

【細菌】から身を守る掃除メソッド

細菌がすべて悪いわけではない

✷細菌はありふれたもの

腸活、菌活、育菌といって、ビフィズス菌や乳酸菌など、腸内の有益菌を含む食事を意識して摂ったり、もともと腸内にいる有益菌を育てて増やすといった健康法を実践している人がたくさんいます。

腸内の有益菌は、ビタミンの合成や消化吸収の補助、免疫を刺激したり、感染を防御するなど、体の健康を維持するのに必要不可欠なのです。

腸内細菌だけでなく、頭髪や皮膚、消化器や口腔内など、体中のいたるところに細菌は存在し、私たちの体を守ってくれています。

例えば、皮膚の常在菌の1つである表皮ブドウ球菌は「美肌菌」とも呼ばれ、汗や皮脂をエサにして、グリセリンや脂肪酸をつくり出します。グリセリンは肌に潤いを与え、脂肪酸は肌を弱酸性に保ち保護します。

美肌のためにはなくてはならない大切な細菌です。

また、口のなかには300～400種類、あるいはそれ以上の細菌がいると考えられています。

このうち、虫歯や歯周病の原因となる有害菌は、じつはたったの30種類程度。そのほかの細菌は、むしろ口のなかの衛生を保つ役割を果たしているのです。

このように、**私たちは細菌に助けられ、細菌は私たちの汗や皮脂をエサにして、ともに支え合いながら共存している**のです。

怖いのは病原性細菌です

しかし、当然ながら細菌は、私たちの味方をしてくれるものばかりではありません。体に害を与える細菌もたくさん存在します。

胃潰瘍(いかいよう)や胃がんの原因となるヘリコバクター・ピロリ（ピロリ菌）、深刻な食中毒を引き起こす腸管出血性大腸菌（O－157など）、赤痢菌、チフス菌、コレラ菌……。**私たちが本当に恐れ、徹底的に排除しなければならないのは、これらの病原性細菌です。**ところが、このたびの新型コロナウイルスの感染拡大によって、これまで以上に「微生物（ウイルス、細菌、カビなど）は悪。病気をもたらす恐ろしいもの。人間の敵」という認識が強まりました。

その結果、なんでもかんでも除菌・抗菌。いつでもどこでも手指の消毒。歯磨きも、シャンプーも、洗顔せっけんも、ボディソープもすべて殺菌成分配合。

しかし、そうやって**体に有益な細菌までも同時に殺してしまっている**ことをご存じでしょうか。

本章では病気をもたらす細菌をどう撃退するか、その方法を話しますが、同時に、「病気にならない」というのも1つのキーワードだと思っています。

そのためには、**やみくもに細菌を恐れるのではなく、正しく恐れる**ことが重要です。室内を無菌にすることは不可能ですし、また、目指すべきではないと考えます。まずはそのことを念頭に置いていただきたいと思います。

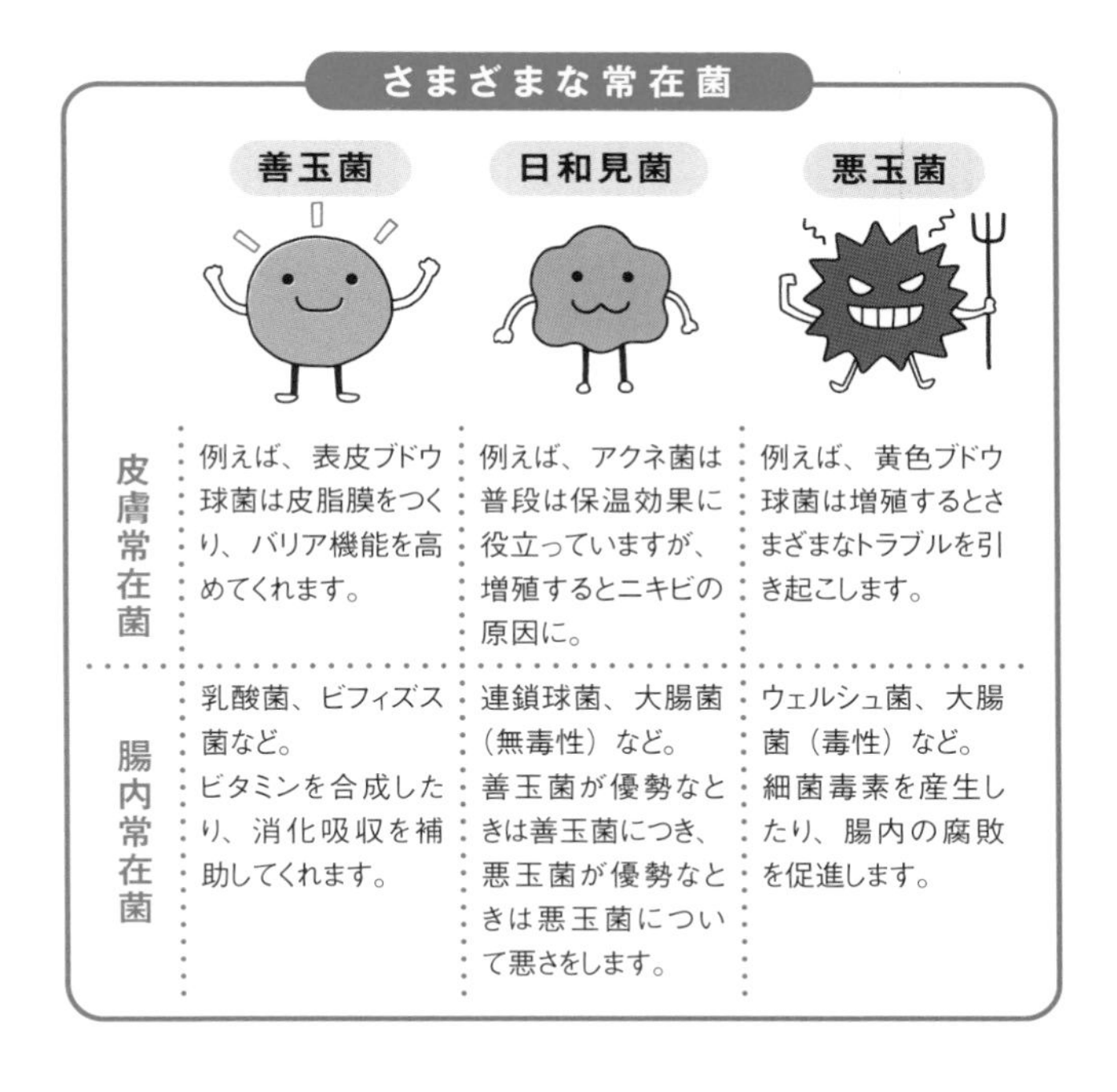

さまざまな常在菌

	善玉菌	日和見菌	悪玉菌
皮膚常在菌	例えば、表皮ブドウ球菌は皮脂膜をつくり、バリア機能を高めてくれます。	例えば、アクネ菌は普段は保温効果に役立っていますが、増殖するとニキビの原因に。	例えば、黄色ブドウ球菌は増殖するとさまざまなトラブルを引き起こします。
腸内常在菌	乳酸菌、ビフィズス菌など。 ビタミンを合成したり、消化吸収を補助してくれます。	連鎖球菌、大腸菌（無毒性）など。 善玉菌が優勢なときは善玉菌につき、悪玉菌が優勢なときは悪玉菌について悪さをします。	ウェルシュ菌、大腸菌（毒性）など。 細菌毒素を産生したり、腸内の腐敗を促進します。

善玉菌は体に有益な菌。悪玉菌は体に有害な菌。日和見菌はふだんはおとなしいが体が弱ると悪い働きをする菌です。

大腸の中にはこれらの菌たちがたくさん棲んでいますが、善玉菌、日和見菌、悪玉菌の割合は2：7：1。数にして、約100兆個。重さ約1kgといわれています。

その他、口腔内に100億個、皮膚に1兆個、胃に1万個、小腸に1兆個、泌尿器・生殖器に1兆個の細菌が棲んでいるといわれています。

私たちは、このような莫大な数の細菌とともに生きているのです。

ここが危ない！
細菌感染ハザードMAP

★の数は、細菌感染危険度を表します。★★★がもっとも危険
とくにホコリが集まりやすい場所。これらのホコリを
放っておくと、ウイルスや細菌、カビ、ダニが混ざり、「病
原ホコリ」となります。

細菌感染危険地帯

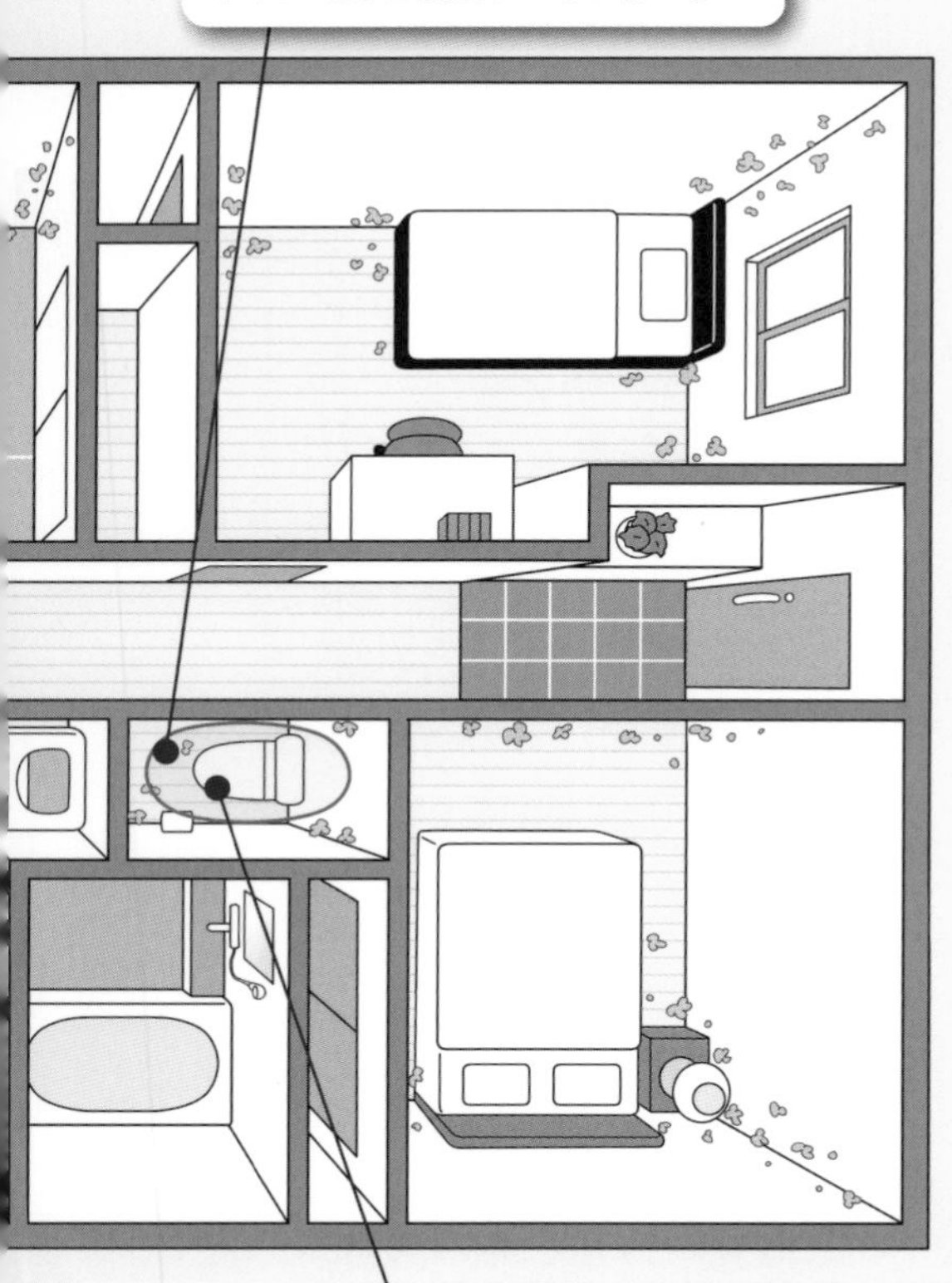

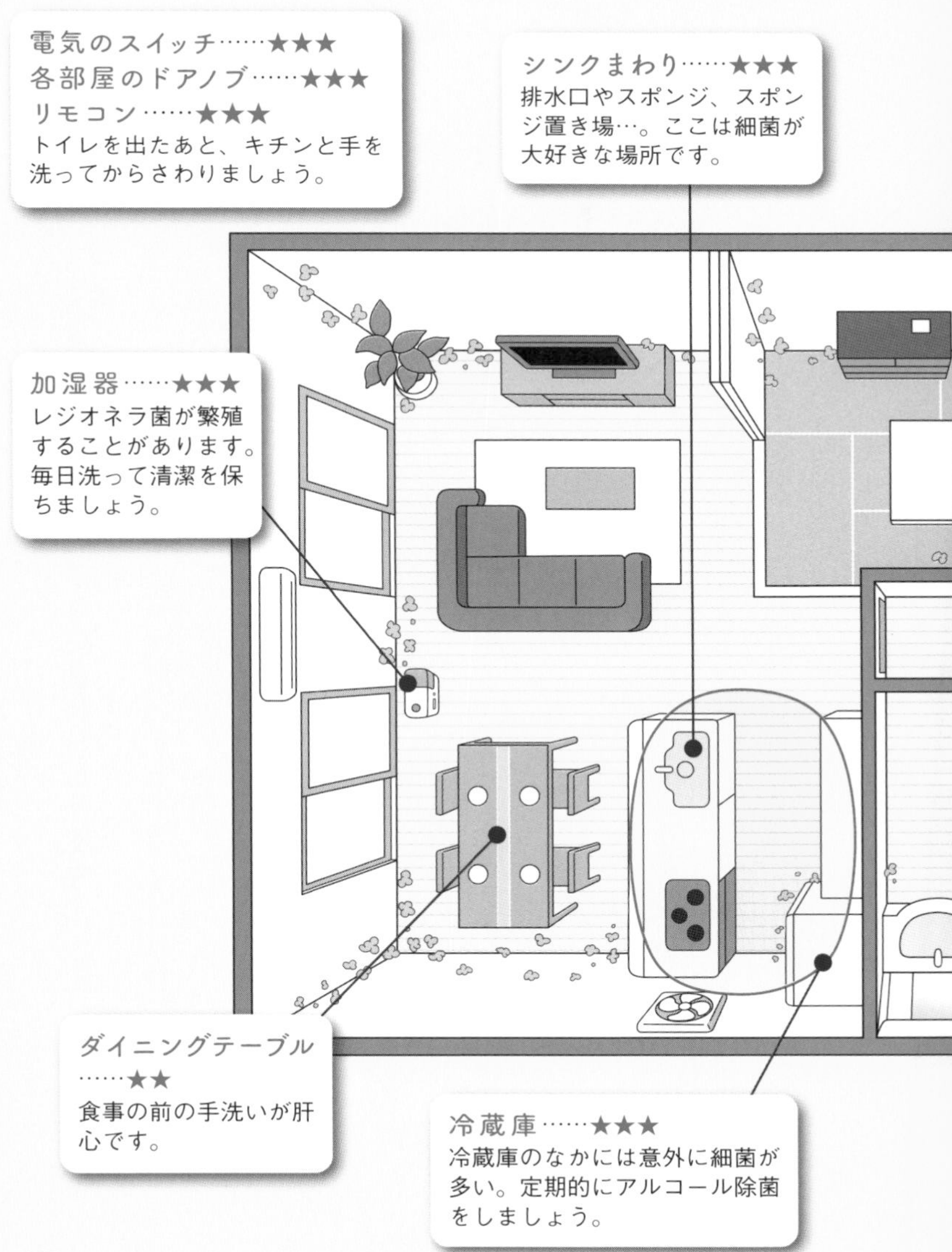
電気のスイッチ……★★★
各部屋のドアノブ……★★★
リモコン……★★★
トイレを出たあと、キチンと手を洗ってからさわりましょう。
シンクまわり……★★★
排水口やスポンジ、スポンジ置き場…。ここは細菌が大好きな場所です。
加湿器……★★★
レジオネラ菌が繁殖することがあります。毎日洗って清潔を保ちましょう。
ダイニングテーブル……★★
食事の前の手洗いが肝心です。
冷蔵庫……★★★
冷蔵庫のなかには意外に細菌が多い。定期的にアルコール除菌をしましょう。

✸キッチンとトイレに気を付ければ細菌はほぼ大丈夫

細菌が原因で起こる病気のなかで、最も身近なものは食中毒です。

食中毒の原因は、細菌やウイルス、アニサキスなどの寄生虫、化学物質や自然毒などさまざまですが、患者数の半数以上を細菌由来の食中毒が占めています（2020年の総患者数＝1万4613人　細菌による感染者＝9632人〈厚生労働省ホームページより〉）。

細菌による食中毒は、肉や魚、野菜や卵などの食品を介して細菌や細菌がつくり出した毒素が体内に侵入することで発症し、腹痛、下痢、嘔吐、発熱などの症状を引き起こします。

ですから、**家庭内のもっとも危険な細菌感染地帯はキッチン**です。

また、体内に侵入し増殖した細菌は、便や嘔吐物に交じって生きたまま排出されることから、**トイレも最重要感染対策ゾーン**といえます。

病原性細菌のおもな生息場所

ノロウイルス
感染力が非常に強く、激しい腹痛や嘔吐、下痢を引き起こす。二枚貝に多く潜んでいる。

食肉
生野菜

腸管出血性大腸菌
（O-157など）
激しい腹痛や血便、重篤な合併症を起こし、死に至ることもある。

カレーなど
食肉

ウェルシュ菌
一夜室温に放置したカレーやスープの鍋で大増殖する。加熱しても毒性は消えない。

カンピロバクター
下痢、腹痛、発熱、血便など。牛や豚などの排泄物に汚染された食品から人に感染する。

サルモネラ菌
少量の菌でも食中毒を発症。牛、豚、鶏などの肉や卵からの感染事例が多くみられる。

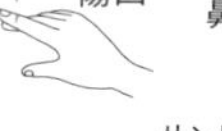

サンドイッチ
おにぎり

黄色ブドウ球菌
傷口や手指、鼻、のどなどに広く生息。おにぎりなど素手で扱う食品が原因となりやすい。

腸炎ビブリオ
海水中に分布するため魚介類に付着している。激しい腹痛や下痢。最悪死に至ることも。

赤痢菌
患者の便や便に汚染された手指、食品などを介して感染。急激な発熱や水溶性下痢など。

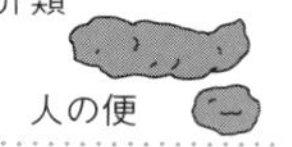

コレラ菌
日本では熱帯・亜熱帯のコレラ流行地域への渡航者が感染するケースがほとんど。

✸ 蛇口が細菌のターミナルになっている

私はよく、自分の家をサンプルにして、汚れの調査をおこないます。仕事柄、どういうところにどのような汚れがあるかを知っておくのは大切なことですが、いっぽうで、細菌の検出紙や培養器などを使って調べていると、どんどん好奇心が湧いてくるのです（笑）。

そうした独自の調査でわかったのは、**キッチンのなかでもとくに、水道の蛇口に細菌が多い**ということです。

これは、キッチンに立って料理をする人の行動パターンに紐付けて考えればすぐにわかることです。

料理をはじめる前に手を洗い、冷蔵庫から野菜を取り出して水洗い。棚からザルやボウルを出して、野菜を切って、入れて、包丁を洗う。次に冷蔵庫からお肉を出して、カットしたら、包丁、まな板、手を洗う。フライパンを出して、炒めて、水洗い……。

このように、料理をする動きのなかで、何度も何度も蛇口をさわってほかにいく。いわば、**蛇口は中継地点。ターミナルのような場所**なのです。

汚い手でペタペタさわるから菌が広がる

さらに、蛇口の汚染がやっかいなのは、「きれいになったはず」と思い込んでしまうことです。

つまり、**蛇口に付いていた細菌が手に移動したことに気付かずに、「きれいになった」と思い込んでしまう。そしてそのまま汚れた手であちこちさわり、細菌を広げてまわっている**のです。

さて、ここからがいちばん大事なところです。

ふつうなら、「では、蛇口はどうお掃除するか?」という話になるところですが、この本は、そんな単純な展開にはいたしません。

なぜなら、それでは根本的な解決にならないからです。
それでは、考えてみてください。

なぜ、蛇口が汚れるのでしょうか？

それは、手が汚れているからです。

手が汚れているから蛇口が汚れる。蛇口が汚れたから手が汚れる……。
蛇口だけきれいにしても手が汚れていたら意味がないし、逆に、手をきれいに洗っても蛇口が汚れていたら意味がありません。
それなのに、ほとんどのお掃除の本や雑誌の特集などでは、ただ「水道の蛇口はこうやってお掃除しましょう」と書いているだけ。
見た目のきれいさだけなのです。

自分や家族の健康を守るためには、目に見えない汚れに着目しなければいけません。そのうえで、「汚れる仕組み」を知り、「ではどうするか？」を考えることが大切なのです。

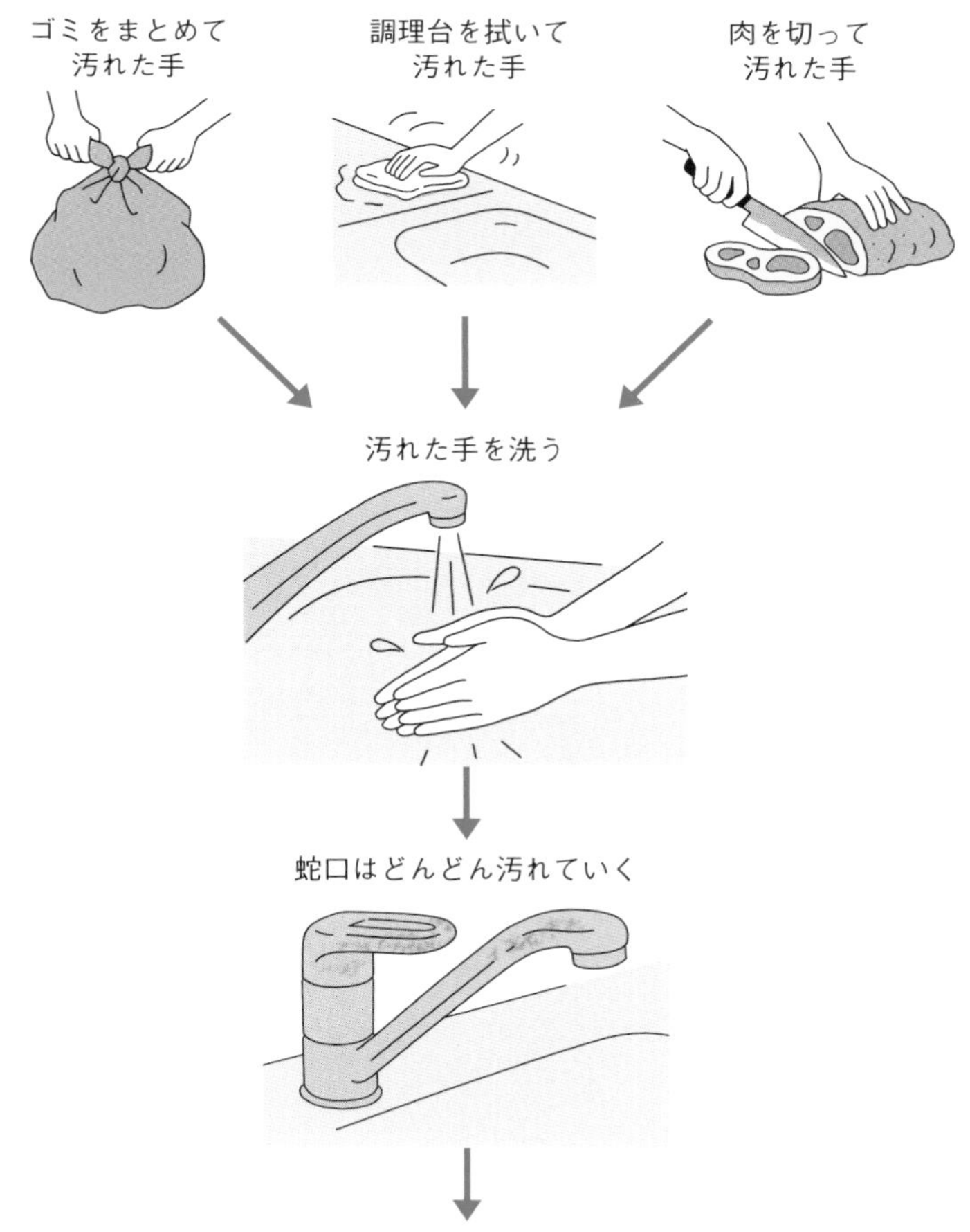
細菌は蛇口を介してこう広がる
ゴミをまとめて
汚れた手
調理台を拭いて
汚れた手
肉を切って
汚れた手
汚れた手を洗う
蛇口はどんどん汚れていく
汚れた蛇口をさわった手も汚れ、
汚れた手でさわった食品や、食器、調理器具も汚れる

✷キッチンの細菌はどう掃除する？

104ページでもいいましたが、細菌は怖いものですが、健康な人にとってはやみくもに恐れる対象ではありません。無菌状態にする必要もありませんし、そもそも無菌状態にすることなど不可能です。ではどうするか？

それは、病原性細菌を、できるだけ食材や調理器具、手指に**付けない**こと。食品中で**増やさない**こと。食品を加熱したり、調理器具を消毒したりして**死滅させること**です。

細菌対策の3原則

①付けない！
食べ物に、食中毒の原因となる細菌を付けないことが第一。手や食材、包丁やまな板などの調理器具をきれいに洗うことが基本です。

②増やさない！
温度、栄養、水分が満たされると細菌は増殖します。すぐに食べないものは冷蔵庫に入れましょう。

③やっつける！
細菌の多くは熱に弱いので、食材を十分に加熱することが効果的です。電子レンジによる加熱も有効です。

✹キッチンは高温・多湿なので細菌が増えやすい

キッチンは、家のなかでもっとも温度と湿度の高い場所の1つです。

当然ですが、料理に加熱は付きものです。冷蔵庫やオーブン、電子レンジ、炊飯器などは常に熱を発しています。

また、水も使うし、料理では水蒸気も出ます。

このためキッチンは高温・多湿となり、細菌にとっては絶好の生育環境になってしまうのです。

加えてキッチンは、油や粉、食べ物のカスなど食材なども豊富ですから、それらを栄養源として増殖します。これは細菌に限った話ではなく、見えない敵全般に共通したことです。

温度と湿度、汚れ（栄養）が揃ったキッチンは、細菌の最高の繁殖場所なのです。

この基本的な事実をしっかり踏まえれば、キッチンで取るべき対策は見えてきます。例えば、温まった空気は上にいき、細菌もいっしょに漂います。このまま放置すれば、風に乗り、他の部屋にも散っていってしまうことは想像できますね。

では、どうするか？

第一には、**しっかりと換気扇を回しておくこと**です。換気の能力ができるだけ高くなるように、風の流れを考えて窓を開け、換気扇を回します。これによって湿度を下げることもできます。

第二には、**換気扇のお掃除を定期的におこなうこと**です。換気扇のお掃除は、汚れたから、ベタついてきたからきれいにするというのも大事ですが、それ以上に、換気能力を保つためにおこなうという考え方が重要です。つまり、汚染物質や体に悪い湿気をしっかり吸ってもらい、家族の健康と命を守るためにおこなうものなのです。

第三には、**水気や汚れを残さないこと**です。濡れたモノ、濡れた状態をそのままにしない、使い終わったら乾拭きをして水気を取り除く。こうした「掃除以前のプチ掃除」がとても大事になるのです。

よくある質問

Q 食器洗いのスポンジって、やっぱり汚いの？

A はい。多くのスポンジが汚れています。

食器を洗うスポンジは、洗剤を使っているため、汚れはそれほど残りません。しかし、細菌がスポンジに付いた場合は、洗剤で洗ったくらいでは死にません。このため、洗い物がすべて終わったあとに、スポンジに熱湯をかけるのは有効です。ただし、その場合も、完全乾燥が大事です。例えば、スペアのスポンジを用意して、使い終わったら干し、乾いているものを使う、というサイクルにします。1日3食で3回分の洗い物があるとしたら、3つのスポンジで使い回すようにするというのは、1つの有効な方法です。

また、高価なスポンジを長期間使うよりは、100円5個入りなどの安価な商品を買って、汚れたら迷わず捨てるのもよいと思います。例えば、油汚れを洗ったあとなどはスポンジにも汚れが残るので、どんどん捨ててしまいましょう。

✸ペーパーで拭いたらすぐに捨てる

濡れた布巾にも雑菌は繁殖します。このため、**使い捨てできるペーパータオルを利用する**のがおすすめです。

「もったいない」と思う人もいると思いますが「何をもったいないと思うか」ということです。

エコの時代、紙を使い捨てることに罪悪感を抱く人もいるかもしれません。しかし、タオルから雑菌が手に移り、その手から料理へ、料理から体へ菌が移動していくリスクを考えたら「もったいない」などとはいえないでしょう。

紙がもったいないと思うなら、あらかじめ半分に切って使うという方法もあります。再生紙を使ったペーパータオルを利用するのもよいと思います。

使った紙は、そのままゴミ箱に捨てましょう。くるくる丸めたり、畳んだりすると、せっかく拭きとった汚れが再び手に付着することになります。

キッチンの消毒方法

水道 シンク 調理台	汚れを落としたあと、消毒用アルコールで拭きます。水気が残っているとアルコールが薄まり効果が低くなるので、水気を取ってから消毒用アルコールを使用するようにしましょう。
冷蔵庫	半年に1度、棚板や仕切りのケースなどを外して水洗い。よく乾かして、消毒用アルコールで拭きます。庫内も汚れを落としたあと、消毒用アルコールで拭きます。
食器棚	乾拭きでホコリを除去したあと、消毒用アルコールで拭きます。食器棚は熱と湿気がこもりやすいので、ときどきこうしてきれいにしましょう。
食器	80度以上のお湯で5分以上加熱します。 または、0.02%の次亜塩素酸ナトリウム(99ページ参照)に漬けます。
まな板	0.02%の次亜塩素酸ナトリウム(99ページ参照)に漬けます。
包丁	80度以上のお湯で5分以上加熱します。 または、消毒用アルコールで拭きます。
布巾 タオル	80度以上のお湯で5分以上加熱します。

＊アルコールは、水気が残っていると薄まり、効果が落ちるので、使用する前に、水気をよく拭くようにしましょう。
＊包丁やナイフ、スプーンなどの金属に次亜塩素酸ナトリウムを使用すると、錆びることがあります。

✷トイレから細菌がどう広がるか①

トイレにいったら、みなさん手を洗いますね。なぜ洗うのでしょう？「そんなこと決まっている。手に汚れが付いたかもしれないからだ」と、たいていの人は答えます。では、どんな「汚れ」が、どうやって付いたのでしょうか？

おしりを拭いたときに、排泄物がちょっと付いた、なんてときには、よーく手を洗いますね。でも、ほとんどの場合は、ちょっと濡らして終わりでは？

これは「洗ったつもり」であり、汚れを洗い落としたわけではありません。そして、この**「洗ったつもり」が逆に、菌を広げている**のです。

体内に増殖して侵入した細菌は、便や嘔吐物とともに外に出ます。つまりトイレは細菌の発生地となるわけです。便器にもいますが、壁やドア、トイレットペーパーホルダー、水洗のレバーにもいます。手拭き用のタオルが下がっている場合には、当然、そこにもいるでしょう。もちろん、空気中にも漂っています。

おしりを拭くときも、細菌はトイレットペーパーを貫通して手に付着します。一説には、トイレットペーパーを30枚以上重ねても通過するという話もあります。

床のホコリのなかにもたっぷり潜んでいます。トイレは服がこすれて落ちた繊維や、トイレットペーパーの細かな繊維が落ちて、とてもホコリの溜まりやすい場所です。そして、そのホコリに細菌が混ざり、病原ホコリとなるので要注意なのです。

これらの**細菌は、トイレ内だけにとどまらず、室内にも容易に進出**してきます。

ドアを開ければ、その風に乗って漂っていた細菌が外に出てきます。これを防ぐことはできませんが、**排泄物を流すときにトイレのフタをしめたり、換気扇を回したりする**ことで、浮遊する細菌の数を抑えることができます。キッチンの換気扇同様、**家族の健康を守るためにも、定期的な換気扇のお掃除**もお願いします。

また、**床に落ちているホコリをできるだけ減らしておけば、ドアの開け閉めで舞い上がる病原ホコリの量を抑える**こともできます。そのためには、トイレ専用のフロアモップなどを用意して、毎日、床のホコリ取りをすることが大切です。

✸トイレから細菌がどう広がるか②

始末が悪いのは、トイレで手に付着した細菌です。「洗ったつもり」になっているから、あっちをさわり、こっちをさわり、家中にくっつけて回ってしまいます。最悪なのは、その手でキッチンにいくことです。冷蔵庫や水道、食器をさわり、挙句の果てには、食材をさわります。細菌は、そこでどんどん増殖します。

調理の際、80度以上で加熱すると、大概の細菌は死滅します。しかし、低温で調理する食材や生鮮食品、食器などに付いた細菌は、死なずに増殖し、そのまま口に入っていきます。それが食中毒などの病気を引き起こすわけです。

これを防ぐには、**トイレから細菌をもち出さないこと。それを徹底するしかありません。洗ったつもりでなく、しっかりと洗い流す**のです。

トイレのタンクから出る水でササッと洗う人もいますが、これも洗ったつもりになる可能性が高いといえます。

トイレから広がる細菌のイメージ

タオルや電気のスイッチ、ドアノブなどトイレのあとにさわったものには菌が残り、それをさわる次の人も広げていく。

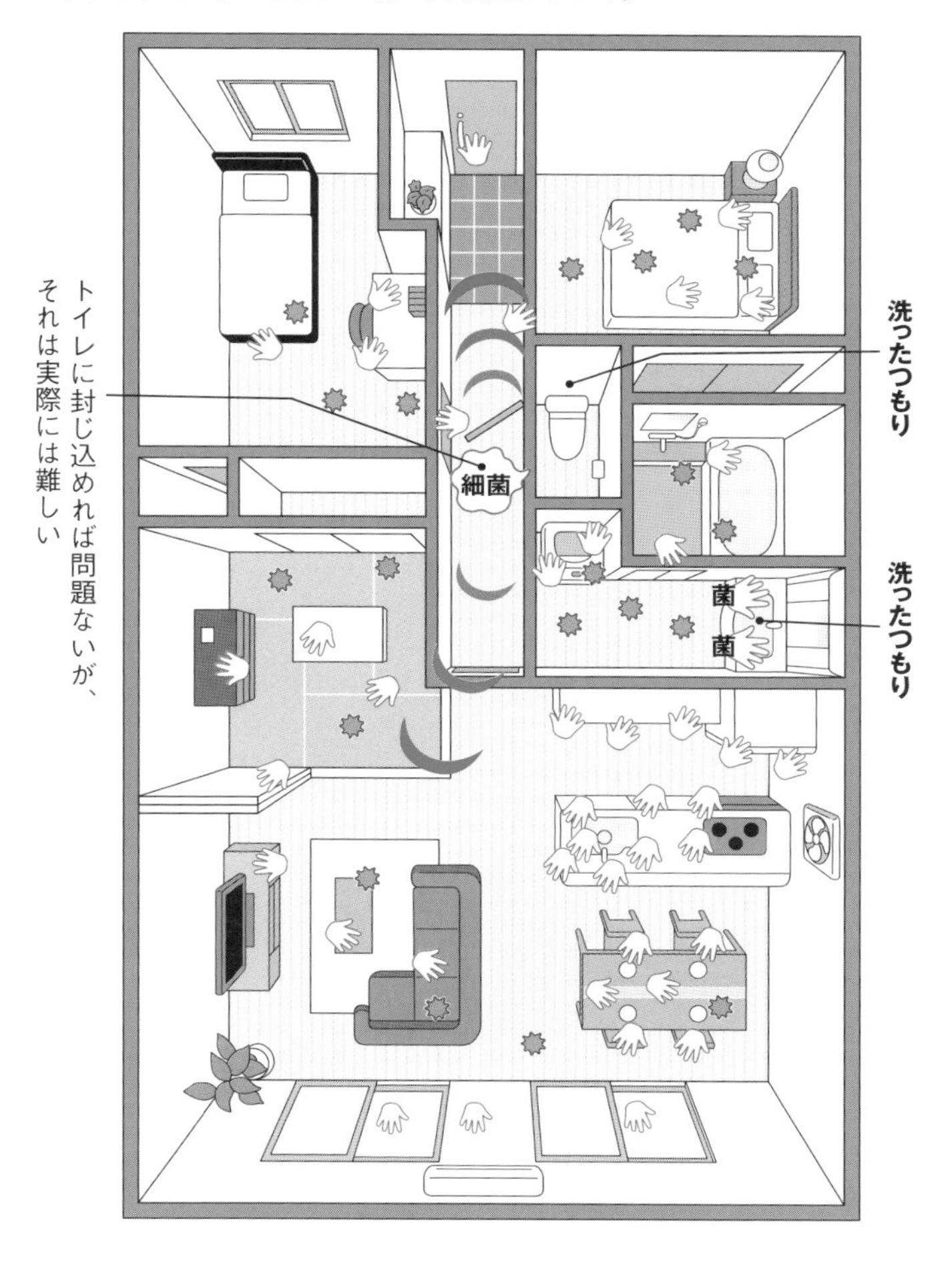

やはり、基本は洗面所などで、石鹸を使って洗い、完全に水ですすぐこと。そして手の水はペーパータオルで指のあいだまで拭き、紙はそのまま捨てることです。タオルで手を拭けば、そこに細菌が残って繁殖し、次に使った人の手に付着する危険性が高まります。掃除とは少し違う観点かもしれませんが、細菌の連鎖をさせない、という意識がとても重要なのです。

ちなみに、私の知っている病院では、まだ自動水洗ではなかった時代、手を洗ったあと、蛇口を直接さわらないように、清潔なペーパータオルを使って蛇口を回していました。ふつうの家庭でそこまでやる必要はありませんが、病院などではそれほど、手の汚染に注意を払っているという例です。

✷布巾から手に、手から肉に移って繁殖する

「キッチンには細菌がいる」という前提で考えることが第一です。すると、何かを拭く場合にも「拭いたら捨てる」という発想になります。

例えば、布巾で拭けば、その場の汚染は取れるかもしれませんが、くり返して使えば、布巾に付いた汚染を別の場所に広げることになってしまいます。

また、汚れを「手に付けない」ということも大事です。

ところが、布巾を使うと、たいていは折りたたんで使います。そして、このときに汚染が手に付いてしまうのです。私はそれを実験でたしかめたことがありますが、どんなに気を付けても、2回ほど折りたたんだときに、汚れが手に付いてしまいました。これは、濡れた布巾でも、乾いたペーパータオルでも同じです。

ですから、汚染を広げないためには、やはり「使ったら捨てる」。しかし、布だともったいなくて捨てられないので、紙がいいということになるわけです。

ゴミ箱を開けた瞬間に細菌が舞い散る

じつはゴミ箱にも大きな問題があります。例えば、ペダルを踏むとフタが開くタイプのゴミ箱。手が汚れないし、臭いも封じてくれるので、キッチンで使っている人も多いでしょう。ところが、**バーンと勢いよくフタが開くタイプのものは、それと同時に小さな見えない汚れもいっしょにまき散らしてしまいます。**

これは可視化の実験をおこなって、私が実際にたしかめたことです。ゆっくり開くタイプのものならまだよいのですが、勢いよく開くものだと、爆発的に飛び散ります。ですから、料理中はむしろフタを開けておくのが賢い使い方です。

ゴミ箱に関しては、もう1つ、可視化の実験でわかったことがあります。それは、**ゴミ箱の中身を大きなゴミ袋に回収する際にも注意が必要**だということです。

紙のゴミなどはかさばるので、どうしてもギュッと上から押したくなります。でも、その瞬間に、なかの小さな見えない汚れが、ゴミ袋の外に飛び散るのです。

ゴミ箱をひっくり返して、ゴミ袋に入れる際も同じです。やはりブワーッと、見えない汚れが舞い上がっています。しかも、そうした作業は、顔を近付けておこなうので、まともに吸い込んでしまっているのですが、それに気付いていません。と同時に、せっかく取り除いた細菌などの見えない敵を再びまき散らしているという事実も知っておいてほしいと思います。

よくある質問

Q 食器棚の食器はホコリも付かないので安心？

A 食器棚は、細菌繁殖の意外な盲点です。

じつは、食器棚のなかは、キッチンのなかでもとくに温度と湿度が高い場所です。扉のほんの小さな隙間から、キッチンの暖かい空気や湿気が侵入するからです。そんな食器棚に、水気の残った食器をしまったら、細菌の絶好の繁殖場所となってしまいます。

一般的に、食器は重ねて収納する習慣があり、皿などは、底の水気を含んだ部分が、下の皿の表面に接します。つまり、皿の上に細菌を繁殖させている可能性があるのです。

理想的にはタテ型収納がよいのですが、重ねて収納している家庭では、使い終わった食器はすぐに洗い、清潔な布巾で拭くなどして、しっかり水気を乾かしてから収納、ということを徹底しましょう。

✸暑いキッチンで何が起こるかを想像しましょう

くり返しになりますが、見えない敵に立ち向かうには、想像力が大事です。

例えば冷蔵庫のドアを開けるとキッチンの温かい空気が冷蔵庫の上側から入り、冷蔵庫内の冷気が下側から外に逃げていきます。すると、冷蔵庫内の温度が上昇します。冷蔵庫を何度も開け閉めすると、庫内の温度はさらに上昇し、肉や魚に細菌が付着していれば、それらは増殖しやすくなります。

まな板の上も同じです。細菌は、肉や魚などの生ものに付着している可能性が高い。それをまな板の上で切り、そのあとでサラダの生野菜を切ったらどうなるか？

こうしたことを**想像すれば、おのずと行動は変わってくる**はずです。

これまでは、どこを、どのように掃除するか、という「撃退」の方法ばかりが注目されていましたが、**本当に大事なことは、それ以前の「付けない」「増やさない」というところにあります。**これができれば、撃退する必要もないのです。

Part 3

見えた時点でかなりやばい——

【カビ】

から身を守る掃除メソッド

カビと病気

✹私たちはカビに包囲されて生活しています

家庭内のカビ（真菌）というと、真っ先に思い浮かぶのが、浴室に見られる黒いカビではないでしょうか。おそらくそれは「黒カビ」です。

プロローグでも話しましたが、黒カビの胞子のサイズは5ミクロン。1000分の5ミリという小ささなので、それ自体は目には見えません。しかし単純に考えると、5ミクロンというサイズは1000個集まると5ミリになるということです。

例えば、浴室のタイルの目地に5ミリの黒カビがあったとしたら、それは1000個の胞子が集まってできている、ということになります。

しかし実際はそれどころではありません。カビは表面だけでなく、目地の奥にも入り込んでいるからです。この奥行きのぶんまで計算したら、いったいいくつのカビの胞子が集まっているのか。考えるだけでぞっとしてしまいます。

つまり、**目に見えるカビがあるということは、それこそたくさんの「見えないカビ」が空中に漂ったり、壁や床のあちこちに付着しているる**ということです。見えていないだけで目の前にいます。そして、そうしたカビの胞子は衣服や体に付着したり、呼吸とともに私たちの体のなかに取り込まれていくのです。

✸高齢者、乳幼児、持病をもつ方はとくに注意

もちろん、飛んでいるのは「黒カビの胞子」だけではありません。地球上には、およそ3万種類のカビがあり、一般の家庭にもさまざまな種類のカビが生息していると考えられています。

家庭内にカビが増えるほどアレルギー性の疾患、肺や気管支に症状の出る感染症、皮膚炎などのリスクは高まります。

例えば、アレルギー性鼻炎によって、くしゃみ、鼻水、鼻づまりの症状が出るの

は、鼻の粘膜にカビなどの異物が付着するためです。花粉によって、同様の症状が出ることはよく知られていますね。これと同じで、人体は、カビにも反応しているわけです。

カビだらけの部屋にいったら、胞子がうようよいるなかに突入していくようなものです。カーペットをめくったらカビがびっしり生えていた、なんていうときも、大量の胞子が一気に舞い上がり、そのシャワーを浴びることになります。

でも、ふつうに生活していれば、こんなことはめったに起こりません。

では、心配いらないか？　というと、そうでもないのです。

なぜなら、一度に吸い込むカビの量は少なくても、私たちは常に呼吸をしているからです。**毎回、少量ずつでも、体は確実にダメージを受けます。**体内に入ってきた異分子を攻撃します。

健康な人は、免疫力があるため、多少のカビを吸い込んでも、それを撃退することができますが、免疫の働きが弱まっている病気の方、高齢者や乳幼児などは、肺にカビが入ることで、重篤な病気を引き起こしてしまうのです。

家に潜むさまざまなカビ

カビの種類	特　徴
クラドスポリウム	代表的な黒カビ。湿気が大好きで、水まわりや、住居内のさまざまなところに生息しています。
エクソフィアラ	黒カビの一種。傷口から感染し、血流に乗って脳に侵入して、最悪死に至ることもあります。
アスペルギルス（通称・人食いカビ）	畳やカーペット、家具類でよく見られます。健康な人には悪さはしませんが、免疫力が低下していると、肺の感染症を引き起こします。
トリコスポロン	エアコンや浴室、洗面所など、湿気のある場所に生息します。この胞子を吸い込むことで、夏型肺炎を発症することがあります。
フザリウム	住居内では排水口などの水まわりに生息。一部の菌種は強いカビ毒を産生するので注意が必要です。
アルテルナリア	ススカビとも呼ばれ、壁や塗装面、ビニールクロス、エアコン内部のプラスチックにも繁殖します。
ペニシリウム	青カビとも呼ばれます。畳や押し入れ、壁紙などで、よく見られます。
ユーロチウム	カワキコウジカビとも呼ばれ、乾燥した場所を好みます。木材や革製品、和洋菓子やジャムなどにも繁殖します。
ロドトルラ	俗に「ピンクカビ」といわれますが、実際は酵母菌の一種。浴室に生息します。
白癬菌	ご存じ、水虫の原因となるカビ。カーペットやお風呂の足ふきマットに潜んでいます。

✹湿度、高温、汚れがカビの三大要素です！

カビの好物は、高湿度、温度、汚れの3つです。この3つが揃うと、爆発的に増殖をしはじめます。わかりやすくいうと**「じめじめして、温かくて、汚いところ」**です。

湿度は70％以上を好むといわれますが、60％くらいから増殖します。

温度は20度を超えるくらいから急激に繁殖します。

汚れはなんでも好きですが、ホコリは大好物です。また、人体から剥がれ落ちるアカ、皮膚、皮脂なども大好き。浴室の床や排水口などに発生する〝ピンクカビ〟も好物です。正確には、この〝ピンクカビ〟とか〝赤カビ〟などど呼ばれているものは酵母菌の一種で、黒カビのエサになります。このように、カビは汚れが大好物なのです。**ありとあらゆる汚れを栄養源にして増殖**していきます。

空中を漂っているカビの胞子は、湿度、温度、汚れがある場所を見つけると、そこに棲みつき、成長をはじめます。

壁などに付着したカビは、胞子を伸ばし、その胞子から別の胞子が出てきます。「ネズミ算」を知っていますね。2匹が4匹になり8、16、32、64と倍々に増えます。それくらいの増え方なら問題ないのですが、あるときから5000万➡1億➡2億➡4億……と、爆発的な増え方をしていきます。これが見えない敵の怖さです。ないと思っていても、見えないだけで本当は、じわりじわりと増えていた。それがあるとき、爆発的に増えて気付いたというわけです。

風が回る場所なら、まだ救いはあるかもしれません。風に吹かれて舞い上がるため、その場で増殖できないからです。しかし、風が回らず、空気の滞る場所なら、確実に増殖をはじめます。そして、爆発的に増えていってしまうのです。

あなたの家には、三大要素が揃い、風の回らない場所はないでしょうか？

家のなかを見回し、イメージしてみましょう。もしも思い当たる場所があるなら、そこにカビが根を張り、胞子の発生源になっているかもしれません。大量にばらまかれた胞子は、家のあちこちに付着し、繁殖しようとしています。

ここが危ない！
カビ繁殖ハザードMAP

★の数は、カビ増殖危険度を表します。★★★がもっとも危険とくにホコリが集まりやすい場所。これらのホコリを放っておくと、ウイルスや細菌、カビ、ダニが混ざり、「病原ホコリ」となります。

押し入れ・クローゼット……★★★
扇風機で風を送ったり、除湿シートなどを利用して湿気対策を。

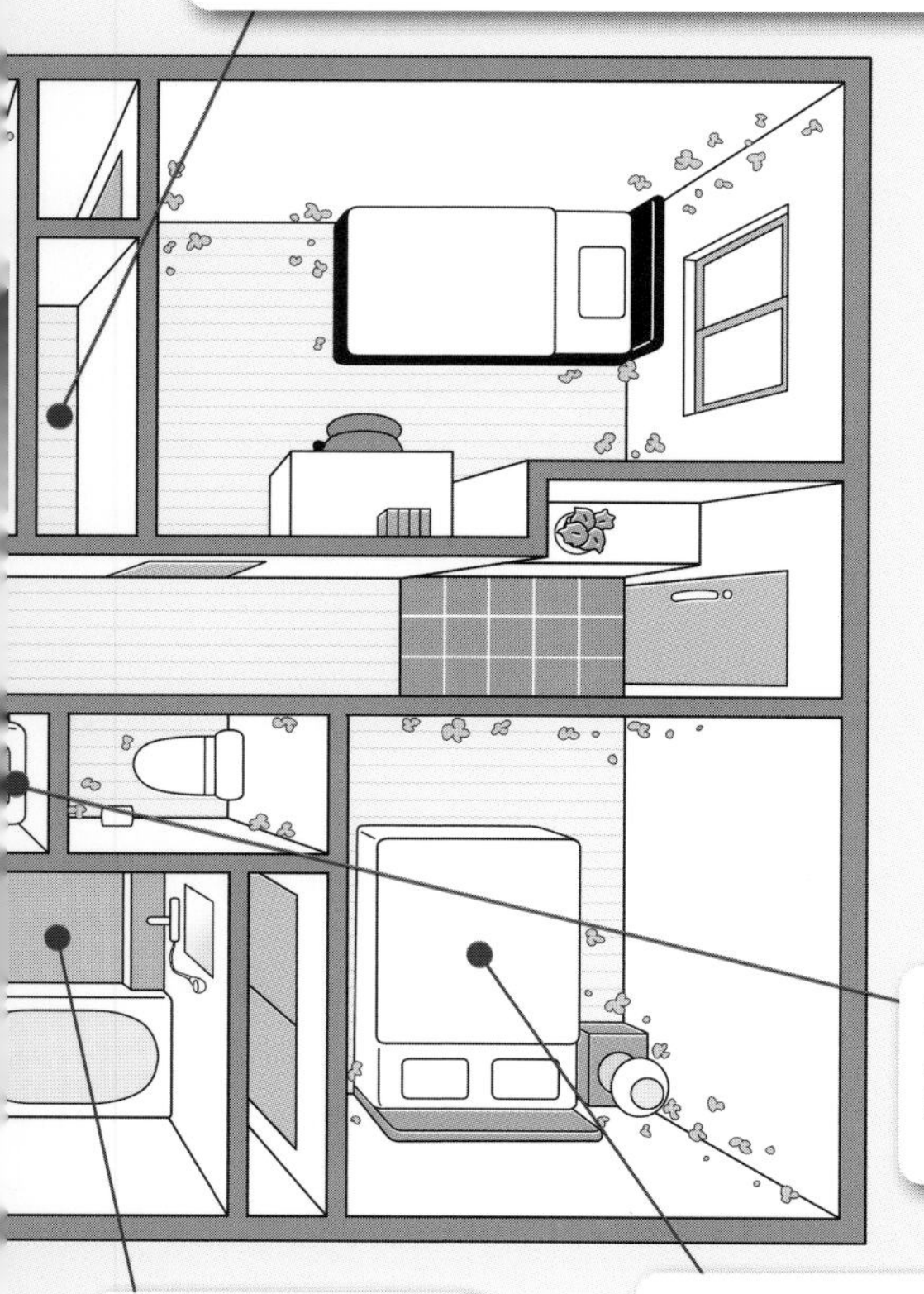

洗濯機……★★★
月に1度のお掃除が必須。市販の洗濯槽クリーナーが便利です。

バスルーム……★★
湿気、温度、汚れ…カビの大好物が3つそろった超危険地帯。

ベッドのマットレス……★★★
睡眠中の汗により、いつもジメジメ。危険なカビの絶好のすみかです。

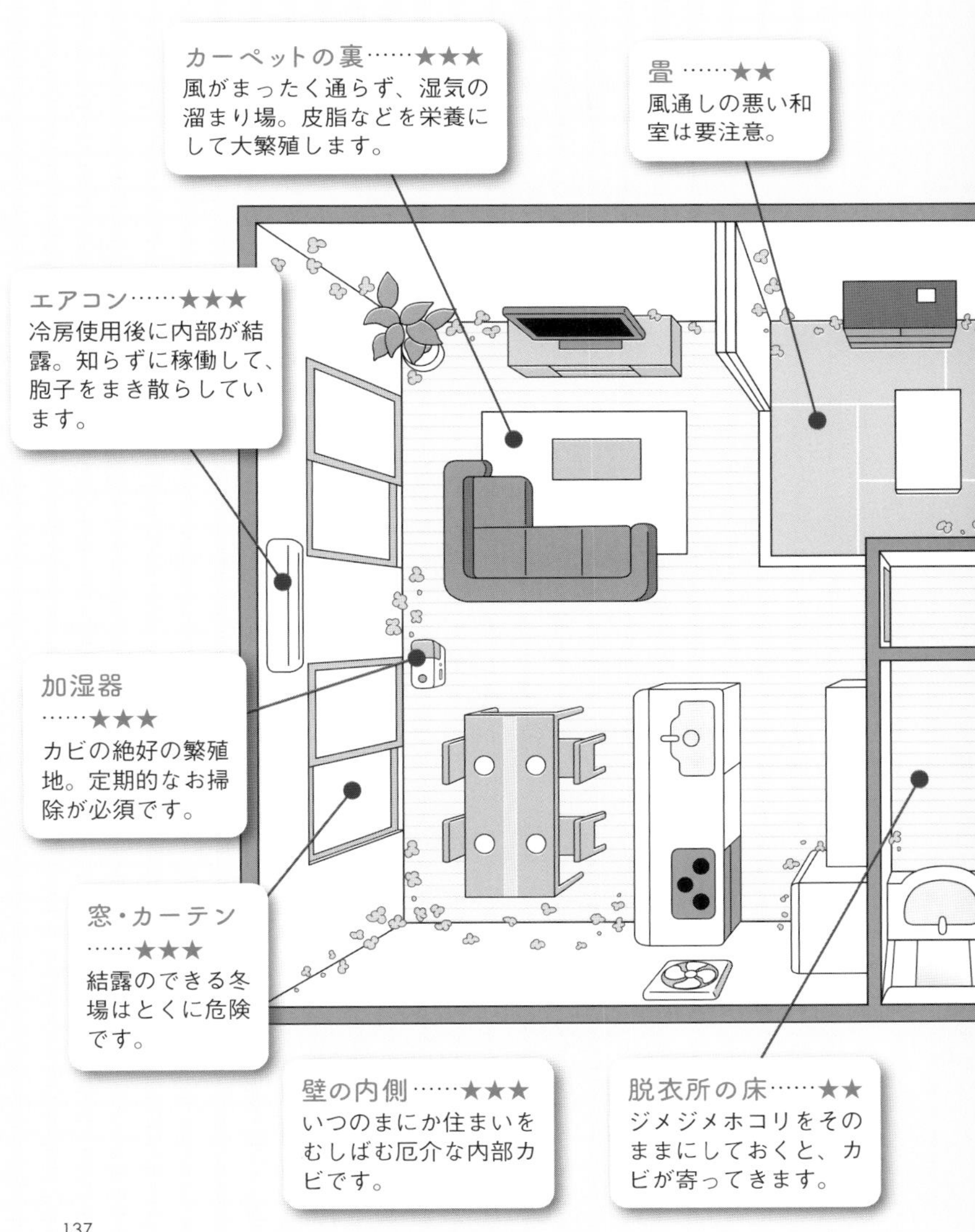
カーペットの裏……★★★
風がまったく通らず、湿気の溜まり場。皮脂などを栄養にして大繁殖します。
畳……★★
風通しの悪い和室は要注意。
エアコン……★★★
冷房使用後に内部が結露。知らずに稼働して、胞子をまき散らしています。
加湿器
……★★★
カビの絶好の繁殖地。定期的なお掃除が必須です。
窓・カーテン
……★★★
結露のできる冬場はとくに危険です。
壁の内側……★★★
いつのまにか住まいをむしばむ厄介な内部カビです。
脱衣所の床……★★
ジメジメホコリをそのままにしておくと、カビが寄ってきます。

✸キッチンはカビの温床です

キッチンはカビの温床といえます。

料理からは蒸気が出るし、洗い物もするので湿度は高い。火を使い、家電製品から発する熱もあるので温度も高い。家のなかで最も高温多湿の場所といえます。

さらに、汚れもいっぱいあります。料理の際には油や水が飛び、小麦粉や調味料などはブワーッと散布され、カビの栄養源になるものだらけです。

しかし、幸いなことに、キッチンにはパワーの強い換気扇があります。部屋のなかの風は、換気扇に導かれるように流れます。見えない敵の何割かはその風に乗り、屋外に排出されていきます。このように換気がされるため、キッチンには一見、カビがないように見えるのですが、風が回らない場所はどうでしょう？

食器棚や冷蔵庫の裏側、シンクやガス台の下は、カビにとって快適な場所です。また、壁紙を剥がすと、その下にカビがびっしり、なんてことも多くあります。

✸浴室もカビの危険地帯です

高温多湿で汚れの多い浴室は、間違いなくカビの危険ゾーンです。マンションなどは窓がなく、換気扇のパワーも弱いため、壁沿いや隅に風が循環しにくいのです。浴室の壁や隅、浴槽との境目、棚などにカビが生えやすいのは、そこに風が回らないからです。タイルの目地に生えるのも同じで、水が溜まり乾かないからです。もちろん、汚れが残る場所にもカビは生えやすくなります。シャンプーを置く棚はヌメヌメしていますが、それもカビの栄養源となります。

頭のなかで、浴室をイメージしてみましょう。カビの胞子が、浴室に舞っています。多くは落下しながら壁や隅のほうにくっつき、一部は濡れた天井に付きます。そして汚れをエサにして増えていきます。浴室の隅には人間から出た汚れが残り、風も回らないので、とくに増えます。上のほうも湿気と温かい空気があるので増えやすい。そうやって狭い浴室内でも、循環しながら、カビは増えていくのです。

✷圧倒的に危ないのは洗濯機です

洗濯機にはいろいろなタイプがありますが、よく見かけるのは洗濯・脱水槽と水槽が二重構造になっているものです。水槽部分には水も残るし、構造上直接お掃除することができないため汚れも溜まります。もちろん、風も回りません。つまり最悪の「カビの培養地」といえるのです。

さて、この部分に増殖したカビは、どうなるか？　想像してみましょう。

洗濯をしているときに水に流れ出したカビは、衣類に付着します。それを家のなかで干したらどうなるか？　多くの家庭では、壁際に干すので、その付近には、どんどんカビが増えてしまうというわけです。

これを防ぐには**「洗濯槽クリーナー」**を使うしかありません。それはもう必須です。そして、洗濯機を使っていないときは、フタを開けておくことです。少しでも風が通り、水を蒸発させられるようにしておくことです。

よくある質問

Q　お風呂場に現れるピンクの汚れって何ですか？

A　酵母菌の一種です。

よく「ピンクカビ」と呼ばれていますが、じつはこれ、カビではなく酵母菌の一種です。それ自体は人間に悪さをしませんが、黒カビのエサになるため、ピンクカビを放置すると、黒カビが増殖します。ピンクカビは洗剤ですぐに落ちますが、またすぐに増えます。酵母が死滅していないために、すぐ戻ってしまうからです。

このピンクカビに対しては、50％以上のアルコール（エタノール）を使うのが基本です。50％以下のアルコールでは効果がありません。理想をいえば80％前後の消毒用エタノールをおすすめします。99％程の無水エタノールはすぐに揮発してしまうため、菌との接触時間が足りず、殺菌力が低くなります。

【ピンクカビの撃退法】洗剤で汚れを落としたあと、水気を拭き取ります。そこに、50％以上（できれば80％前後）のアルコールを吹きかけて少し定着させます。

✷壁面には冬だけでなく、夏もカビが発生している

床や机など「水平の場所」には、ホコリや汚れがあるのが見えます。このため、一般のお掃除は、水平の場所が中心になりがちです。しかし、カビは水平な場所にいるとは限りません。胞子はどこにでも付着しますし、その場所がカビにとって適温で、湿度が高く、汚れがあれば、どんどん増えていきます。風の回りにくい「垂直な場所」、つまり壁こそが、絶好の環境だったりするのです。

気密性の高い現代の家は、1年中「結露（けつろ）」が起こっています。冬は、窓ガラスや壁の表面が濡れるのでわかりやすいのですが、じつは夏にも、結露が発生しているのです。

日本の夏は、基本的に高温・多湿です。また、近年は温暖化の影響もあり、気温がさらに高くなっています。朝から夜までエアコンをつけっぱなし、という家庭も多いでしょう。このため、部屋の壁は冷やされています。

壁に接した外気が冷やされて、結露になってしまうのです。ところが、この結露は壁の内側に発生するため、外からは見えません。冬のように、窓ガラスや壁が濡れれば、拭いたりできるのですが、壁の内側ですから、拭きようがないのです。

しかも、夏は高温・多湿ですし、壁のなかには風は回りません。このため、大量のカビが繁殖してしまうというわけです。

「壁のなかでもカビは生きられるの？」と思うかもしれませんが、カビはなんでも栄養源にします。壁材も壁紙を張る接着剤も栄養源になってしまうのです。

このため、壁紙を剥がしたら、壁一面にカビが生えている、なんてこともよくあります。見えていないだけで、カビで覆われている住まいは少なくないのです。

梅雨の6～7月、雨が多くなる9月も油断できません。むしろ無防備になるこの時期こそ、カビが大繁殖する時期といえるでしょう。

というより、いまの日本のような気候と、気密性の高い住環境においては、一年中カビが繁殖する、と考えるほうが自然なのかもしれません。だからこそ、**換気と家のなかの空気を回すこと**が、より重要になってきます。

✷カビ対策の基本的な考え方①　三大要素のどれかを減らす

カビの三大要素は、湿度と温度と汚れです。この3つの条件が揃うことで、カビは爆発的に増えていきます。それを防ぐには、このなかのどれかを断つことです。条件が1つ減るだけで、繁殖はグンと押さえられます。

3つのなかで、何を断つのがよいと思いますか？

温度を断つのは難しいでしょう。カビは20度を超えると繁殖しますが、部屋の温度をそれ以下にしたら、寒くて仕方がありません。「カビを増やさないために寒いのを我慢する」というのでは、違う病気になってしまいそうです。

湿度は？　風を回すことで、湿気を飛ばすことができるため、ある程度は改善できそうです。でも、部屋の隅々にまで風を回すのはとても難しいといえます。

入居したばかりの何もない部屋なら可能ですが、人が暮らす部屋には家具があり、モノもあります。そこで風の流れがさえぎられ、湿気が溜まってしまうのです。

カビ増殖の原因となる三大要素

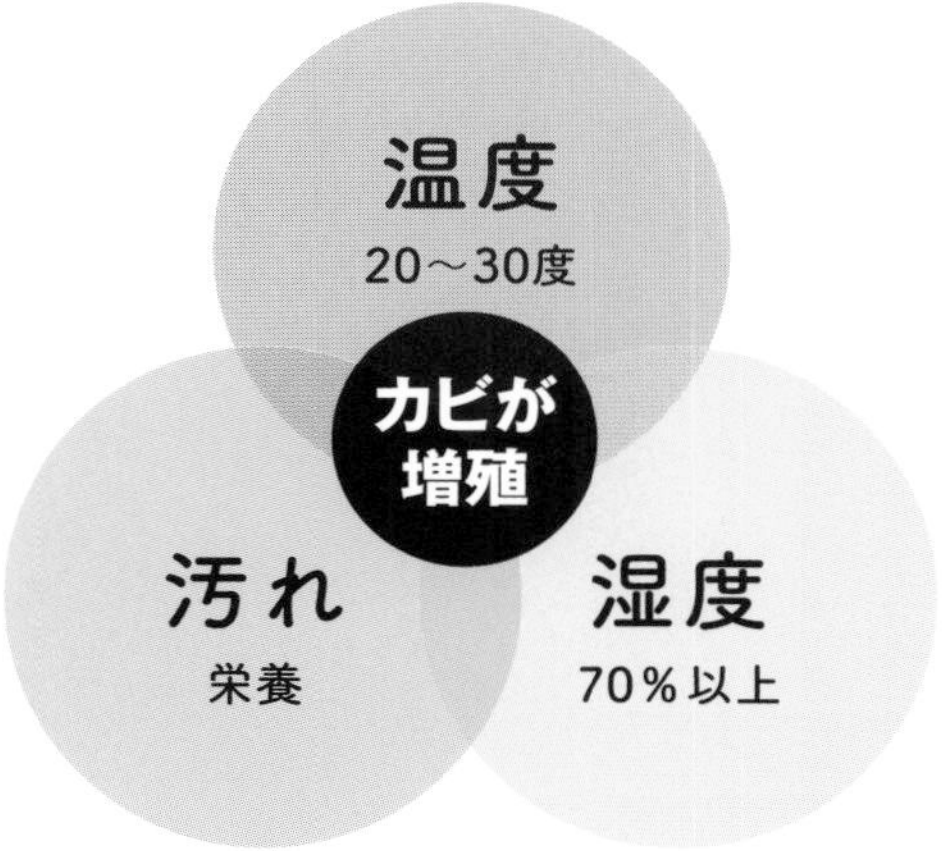

温度
20〜30度

カビが
増殖

汚れ
栄養

湿度
70％以上

温度も湿度もダメ。だったら残りは1つ、**汚れを断つこと**です。

ホコリ、食べカス、食品、粉や調味料、髪の毛、剥がれ落ちた皮膚、皮脂、浴室の石鹸カスやシャンプーなど、カビはなんでも栄養源にしてしまいます。

そのすべてを完璧に取り除くことはできません。それでは一日中掃除をしていることになります。それは現実的ではありませんね。

完璧に取り除くのではなく、**こまめに掃除をして、汚れを減らせばいい**のです。

20〜30度の温度と高い湿度があり、風が流れない場所を見つけ、そこをこまめにお掃除するだけでも、カビは大幅に減らせます。「すべての部屋を掃除しなきゃ」とか「汚れを完全に取り除かなきゃ」と考えるのではなく、**カビの増えそうな場所の汚れを減らす**、というゆるい発想のほうが、逆に効果的だったりするわけです。

✹カビ対策の基本的な考え方② 湿度の高い場所は除湿剤で発見

湿度は目に見えませんが、見えるようにする方法があります。除湿剤を家のいろいろな場所に置いてみるのです。

タンス、下駄箱、押し入れなどに置く人は多いと思いますが、他の場所にも置いてみましょう。すると、すぐに水が溜まる場所と、溜まらない場所があります。**除湿剤に水が溜まる場所は、湿気が多い場所です。つまり、風の流れが悪く、カビが繁殖しやすい場所**なのです。

各部屋、人が集まるリビングは数か所、寝室もベッド脇とそれ以外など、除湿剤を置くことで、湿度を可視化する。これも見えないカビ対策の有効な方法です。

✸カビ対策の基本的な考え方③　見えるカビはカビ取り剤が便利

黒カビのサイズは、およそ5ミクロン（1000分の5ミリ）なので、1000個集まると5ミリほどになります（あくまでも単純に考えた場合の話です）。つまり5ミリほどのカビがあったら、そこには1000個の胞子があるということです。

その胞子は、飛んでいくし、増えていく。だから、それをないがしろにしてはいけないというのが、カビ対策の基本的な考え方です。

具体的には、カビを発見したら、いわゆる**「カビ取り剤」を使うのが便利です。見えているカビというのは胞子の量が多く、アルコールではいき届かない**のです。

カビ取り剤は、塩素系（次亜塩素酸）の漂白剤が主成分のもので、薄めずにそのまま使えるタイプや、液が垂れないよう泡状になっている便利なタイプが市販されています。それでも垂れてくるため一般的にはペーパータオルでパックするようにして定着させますが、私が実践している「黒カビの撃退法」は次の方法です。

黒カビの撃退法

1. カビ取り剤をシュッと吹きかけ、その上からキッチン用のラップを貼る。

▼

2. そのまましばらく放置する（使用する薬剤の使用法を参考にする）。

▼

3. ラップの上からカビが消えているか確認し、残っていれば上から指先でちょっとこすってみる。

▼

4. こすって簡単に落ちるようならラップを剥がし、水で十分に洗い流す。

▼

5. ラップの上からこすってもカビが取れなければ、さらに放置。

▼

6. カビが取れたらラップを剥がし、水でしっかりと洗い流す。

＊ラップを使うのは、なかのカビの状態を見えやすくするためです。こうすると、なかの様子がよく見えて、とても掃除がしやすいのでおすすめです。

✷カビ対策の基本的な考え方④　風を回す

前にも話しましたが、窓を開けるだけでは空気は循環しません。風の入り口と出口があって初めて、風が通るようになります。ところが、部屋全体に風を回すことはとても難しいのです。

わかりやすい例として、浴室を考えてみましょう。

浴室にはたいてい換気扇が付いています。付いていない家なら窓があるでしょう。そしてみなさんは、換気扇を回したり窓を開けたりして、浴室の換気をおこなっているはずです。

このとき、一般的には浴室の中心付近から乾きはじめます。なぜならそれは、中心付近には空気の動きを遮るものがなく、空気がもっとも動きやすいからです。

しかし、隅っこのほうはなかなか乾きません。それは、そのあたりの空気が動いていないからです。そして、そういう場所にカビが生えやすいのです。

このように、狭い浴室でさえ風が回らないのですから、広くて、家具やモノが多い部屋では、空気が均等に循環されることはない、とわかるでしょう。

だからこそ、1章の風の流れの項目（68ページ）で話したように、**風の流れを考えて、通り道をつくる**ことは必須です。風が流れないような場所には、扇風機などを使い、定期的に風を回してあげることも大切です。

✷エアコンの内部もカビの発生源

夏の冷房で壁のなかに結露ができ、カビが繁殖すると話しました（142ージ参照）。じつはこれと同じことが、エアコンの内部でも起きています。

冷えたエアコンの内部に暑い夏の室内の高温・多湿の空気が触れると結露（水滴）ができます。通常はドレーンホースを通って室外に排出されますが、排出しきれずに水分や湿気がエアコン内部に残っていると、そこがカビの温床となってしまうのです。

そんなこととはつゆ知らず、せっせとエアコンをつけるため、カビの胞子は部屋中にまき散らされます。それを私たちは吸い込んでいる……。考えただけでも恐ろしいと思いませんか？

クルマでエアコンをつけると、くさい風が出てくることがあります。あれはだいたい「カビ臭」なのですが、エアコン内にできたカビが原因なのです。

エアコン使用後、内部に水滴が溜まり、ホコリをエサにしてカビが増えます。そしてスイッチを「オン」にした途端、それが放出されるのです。

だから、オンにするときには、窓を全開にしておくのが正解です。

家のなかも同じです。窓を締め切った状態でエアコンをつけると、カビが部屋中に拡散されます。ですので、**エアコンの運転開始から5分くらいは、窓を2か所開けておきましょう。そうやって空気の流れをつくり、その流れにのせて、エアコンから出てくる汚い空気を外に追い出してしまう**のです。

ちなみに、エアコンの掃除はフィルターの洗浄くらいなら一般の方でもできますが、**内部の洗浄はプロに依頼するのが適切**です。理想は1年に1度くらい。ムリな場合でも2年に1度くらいを目指して洗浄してもらうことをおすすめします。

✹冬の「コールド・ドラフト現象」でカーテンがカビだらけに

外気の冷たい冬は、窓ガラスが冷たくなっています。すると、室内では次のような現象が起こります。

まず、室内の上方にある温かい空気は、窓ガラス付近で急激に冷やされます。すると、冷やされた空気は窓に沿って下降し、床に突き当たると這うようにして室内に広がります。その後、冷えた空気は室内で温められて上昇し、再び窓ガラス付近で急激に冷やされて、下降します（図12）。

これを「コールド・ドラフト現象」といいます。

例えば、朝方、窓の付近にいると背中に冷たい風を感じることがありますが、それはコールド・ドラフト現象が起き、上から風が流れ落ちているからです。

しかもこの風は、結露した窓の湿気を帯びています。このため、**窓ガラスのすぐ**

図 12　コールド・ドラフト現象

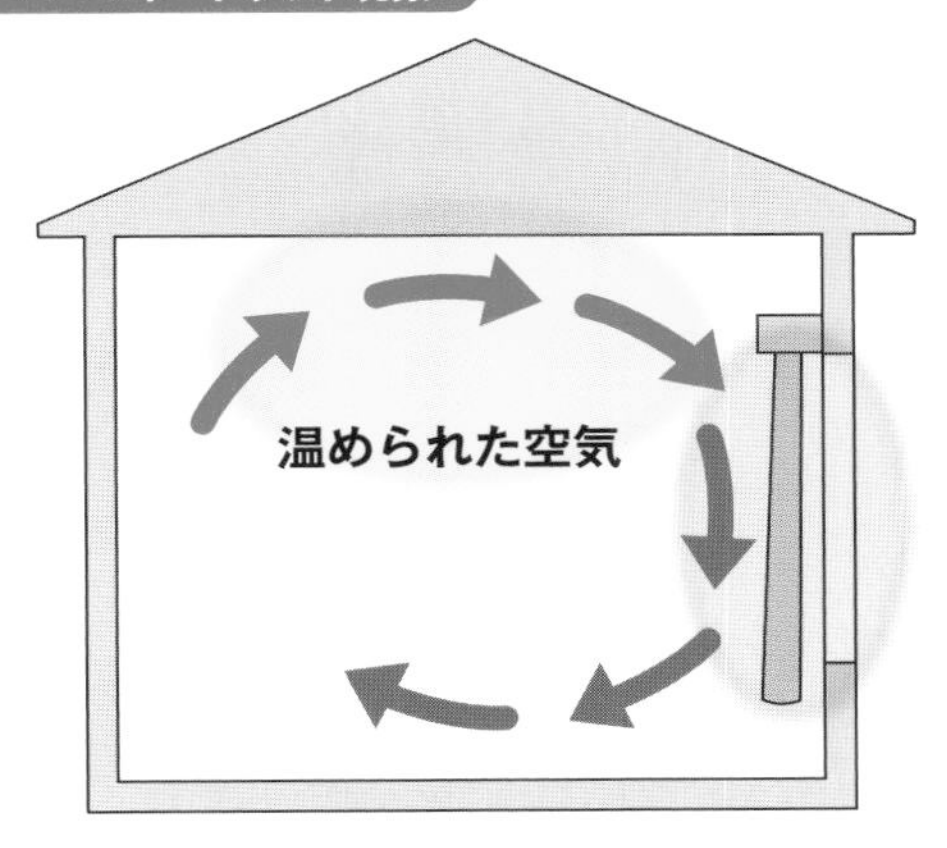

室内の温度

そばにあるカーテンの裏側は湿り、カビが生えやすくなるというわけです。

では、どうすればいいか？　三大条件のどれかを改善することです。

カーテンの温度は変えられないので、湿度と汚れを取り除きます。

基本は、カーテンの湿り気を取るよう、風を当てる時間を増やすことです。朝になるとカーテンを開けますが、湿った状態で束ねるのは、カビを増やす原因です。**しばらくのあいだ、カーテンを閉めたまま窓を開けて風や日光を当てる、あるいは窓とカーテンのあいだに扇風機を置いて風を送るなど、「乾かす」ための工夫をしてみましょう。**

また、栄養源となるホコリは「化繊ハタキ」で取るのがおすすめです。静電気の力で静かにホコリを引き寄せられるからです。外から入る土ボコリや排気ガスも栄養源になるため、季節ごとに洗濯したり、クリーニングに出すことも大切です。

朝、カーテンをシャーッと開けるのはとても気持ちのいいものですが、この瞬間、カビの胞子やウイルスなどの見えない敵が、ワーッと勢いよく飛び散っていることを知りましょう。

✸大掃除は年末ではなく、夏と冬の終わりにする

夏にはこれと反対の空気の流れが起こっています。

夏は窓ガラスが熱く、部屋の空気はエアコンで冷たくなっています。このため、窓ガラスに接した空気は温まり、下から上への「上昇気流」が起こります。それが部屋の中央に流れて冷やされて下り、窓際でまた上昇するという循環になります。

このように、**冬も夏も、窓側と部屋の中央との温度が違うことによって、窓際から風の対流が起こる**のです。

本来なら、風が動くのはよいことですが、窓際から風が起こるのは問題です。なぜなら、壁沿いには、カビやダニなどの見えない敵が多く生息するからです。これらの「見えない汚染物質」が部屋中にまき散らされてしまうのです（図13）。

その意味では、冬と夏は、極端に汚染が激しい時期といえます。

図13　夏、冷房時の室内の気流

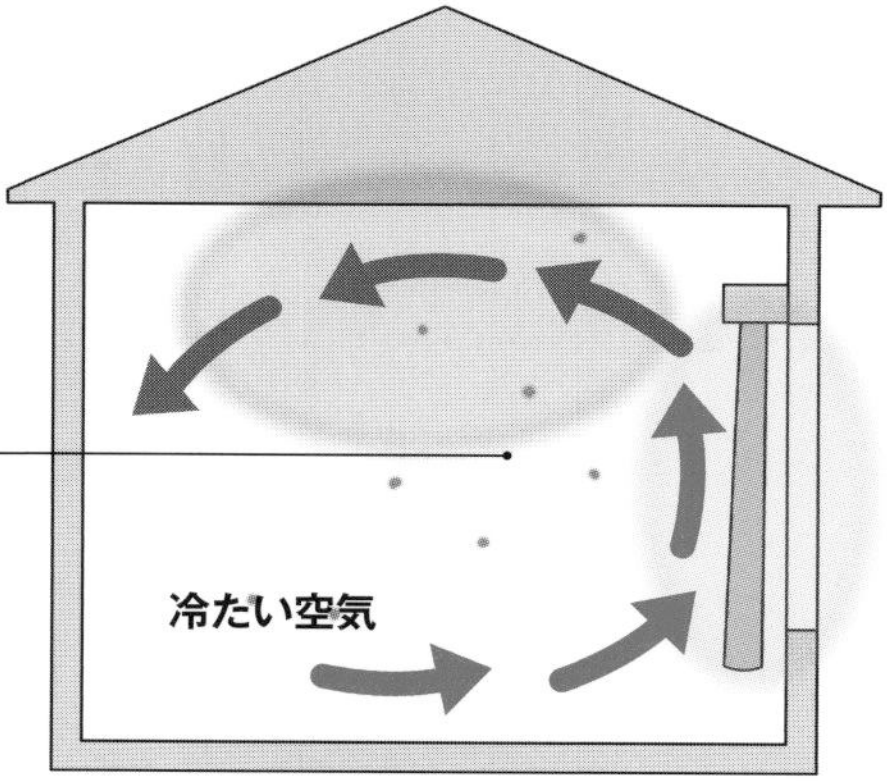

冷たい空気は窓ガラス付近で温められて、上昇気流となる。

冷たい空気

気流とともに汚染物質が舞い散る。

日本では「大掃除は年末」というのが常識ですが、**本当に大掃除をすべきなのは汚染の激しい冬と夏が終わった直後です。**地域によっても違いますが、桜の咲く3月末〜4月初頭、秋風の吹く10月ごろにおこなうのがベストです。

現代の住環境を考えれば、これが新しい常識になるでしょう。

コールド・ドラフトから身を守る知恵

コールド・ドラフト現象によって、健康被害が出る例があります。

例えば、ベッドを窓際や壁沿いに置くと、

コールド・ドラフト現象によって起こる「湿った下降気流」を止めることになります。すると、そこに結露ができ、カビが発生しやすくなるのです。

これを防ぐには、**5〜10センチでもよいので、ベッドを壁から離して置くこと**です。わずかな隙間をつくるだけでも、**下降気流はベッドの脇を通り、さらにベッドの下を抜けていくようになります。これだけで風が通るようになる**のです。

以前、小児ぜん息の男の子がいる家庭を拝見したことがあります。案の定、その子が寝ているベッドは、壁にピタリとくっつけて置かれており、壁にはカビが繁殖していました。

また、お母さんは「カビは窓の結露が原因だ」と考え、窓とベッドのあいだに大きな断熱ボードも置いていました。これも風を遮断する要因になっていたのです。

さらに悪いことに、ベッド脇の頭側に空気清浄機が置かれていました。一見、それは正解のようですが、大間違いでした。なぜなら、エアコンの風はこの清浄機に向けて流れてきて、男の子の顔を直撃していたからです。

男の子は、壁に繁殖したカビの胞子とエアコンから吐き出されるカビの胞子、カビがあればダニもいますから、これらの汚染された空気を毎晩、吸い込んでいたのだと思われます。

私は、この事態を改善するため、次のような指示をしました。

- ベッドを壁から離して置くこと。
- 大きな断熱ボードは除去して、風の通りをよくすること。
- 空気清浄機をベッドの頭側ではなく、窓側のカビの多い場所に置くこと。

たったこれだけのことで、風はベッドの下を通り抜けるようになり、風の通りがよくなりました。そして男の子のぜん息の症状も軽減していったのです。

もちろん、医師から処方された薬が効いたこともあるのでしょうが、風の通りも影響していたのだと思います。壁のカビも消え、部屋は心地よくなりました。

小児ぜん息の男子の部屋・改善前

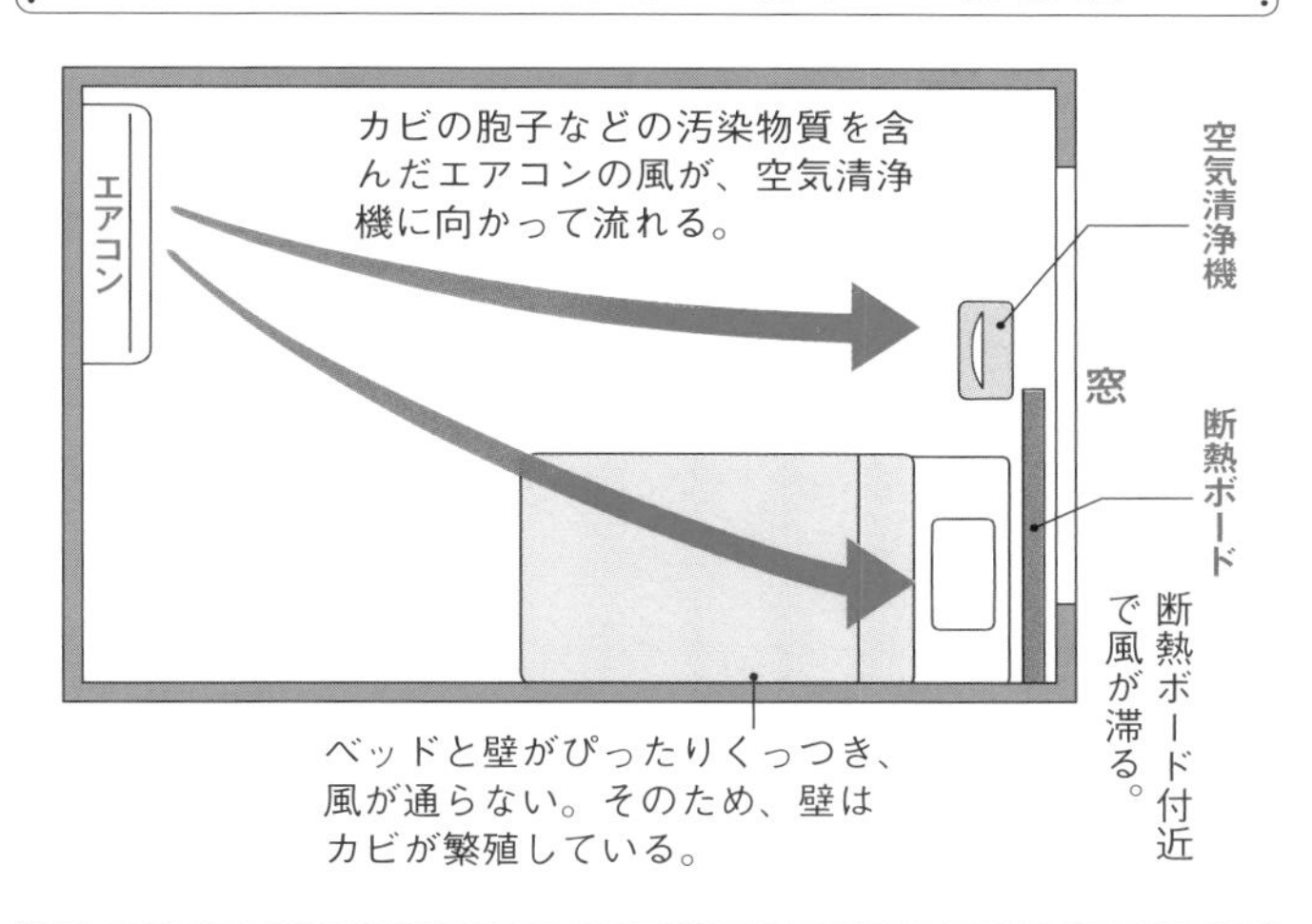

小児ぜん息の男子の部屋・改善後

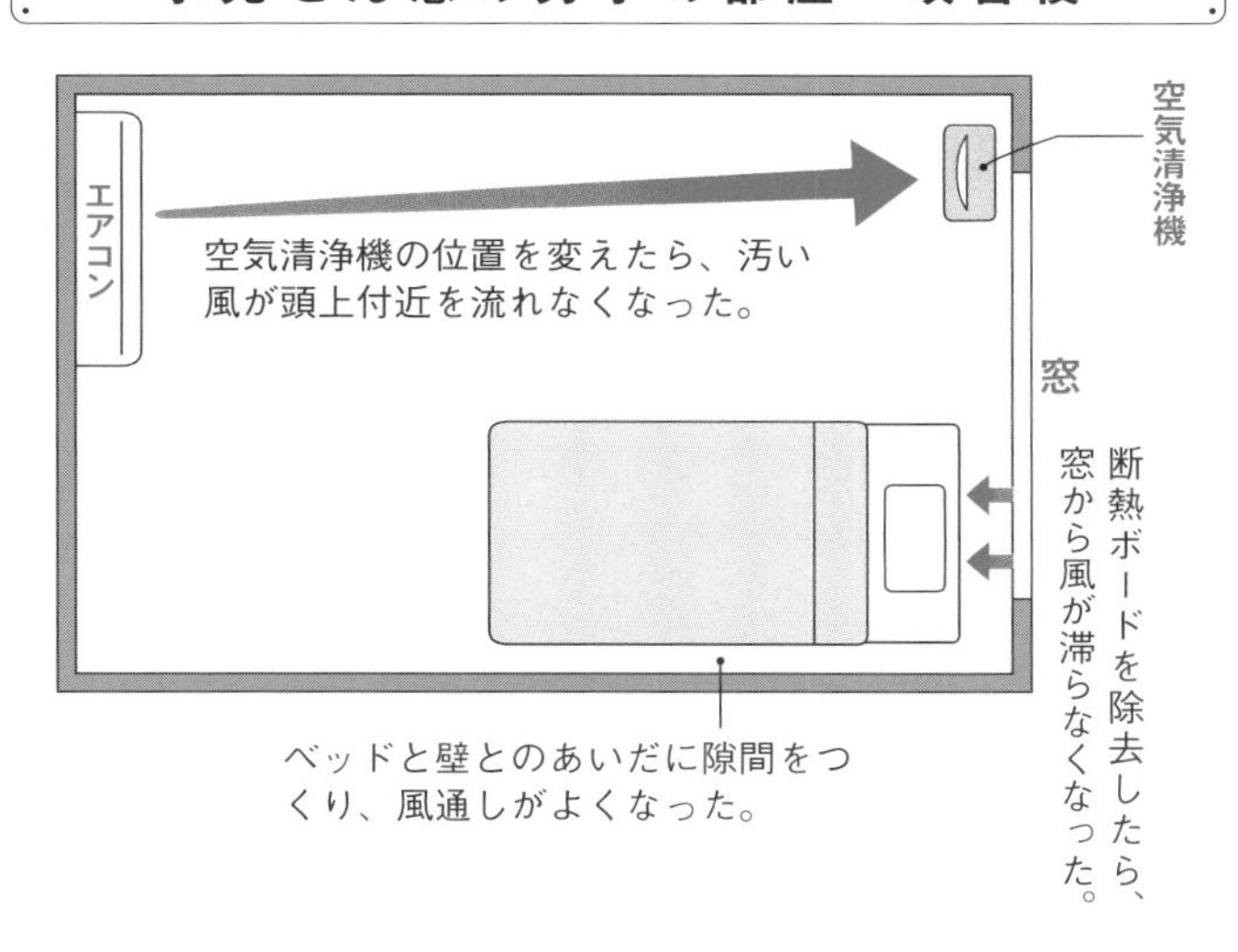

✷加湿器は部屋の中央に置く

私たちが動けば風が動きます。動かなくても、温度差によって風が動く。カビもダニも細菌も動きます。見えない敵は、そうした環境条件に左右されて動くし、増えたり減ったりしています。

つまりは、見えない敵を除去することも大事なのですが、それ以前に「見えない敵が棲みにくい環境」を整えることが第一なのです。

その意味では、加湿器の置き場も重要です。

加湿器が必要となる冬場は、部屋の隅は冷えています。コールド・ドラフト現象でも話しましたが、窓側はとくに冷えています。

温度の低い場所では空気中の水蒸気が水滴となって結露しやすいという性質があります。そのため、冷えた窓際に加湿器を置くと、加湿器から出る水蒸気は部屋にいき渡らずにそこで結露して、窓まわりやカーテンにカビを増やす原因となってしまうのです。

加湿器を置くなら、なるべく部屋の中央です。しかも、蒸気がすぐに落下しては意味がないので、できるだけ高い位置に置いて、部屋中に蒸気をいき渡らせるようにします。

そんなに都合のよい置き場所はないのかもしれませんが、それでも部屋の隅や窓際は絶対にNGです。カビが増えればダニも増えていきます。

加湿器のNGな置き場所

加湿器の正しい置き場所

✸まだまだある意外なカビの生息地

この章では、「カビが棲みにくい環境」を整えるための考え方を話しました。

もちろん、カビはこれ以外にも、ありとあらゆる場所に胞子を飛ばし、そこで繁殖の機会をうかがっています。

例えば、次のような場所です。除去と予防法も併せてお伝えします。


【カーペット】

夏場のカーペットやラグはカビの温床です。エアコンから出る冷気は湿気を帯び、部屋の下部に溜まるからです。その水分をカーペットやラグの繊維が吸い、文字通り「カビの温床」になってしまうのです。カーペットやラグに付いたゴミを取るために、熱心に掃除機をかける人がよくいますが、それはカビをまき散らしているようなものです。

できれば夏のカーペットやラグはやめること。あるいは**カラッとした好天の日中に、天日干しをしてしっかりと乾かし、干した状態で掃除機をかけること**です。

【エアコン】

エアコンが空気を冷たくする機械である以上、そこに結露が付き、カビが発生するのは、仕方がありません。そこで、**せめてフィルターだけは掃除をする**ようにしましょう。

使用している時期は2週間に1度、どんなに面倒でも1か月に1度。フィルターを取り出したら台所用中性洗剤と小さめのブラシ（歯ブラシなどが便利）で洗います。網目だけでなく、取り付け器具のところまで、完全に乾かしてから、装着してください。生乾きのままでは、さらにカビを増やすことになります。

【加湿器・空気清浄機のタンク】

これらのタンクからは、レジオネラ菌が出ることがあります。命にかかわることもあるので放置してはいけません。定期的にチェックして、汚れているようなら、台所用の中性洗剤で洗います。その後、スプレータイプの消毒用エタノールを吹きかけて、完全に乾かしてから装着します。

【脱衣所の床のホコリ】

脱衣所は、衣類を着たり脱いだり、あるいは洗濯物を扱ったりするため、繊維系のホコリが溜まりやすい場所です。しかも、浴室がそばにあるので、ホコリは湿り気を帯びています。

カビがいちばん好きなホコリといえるかもしれません。

脱衣所のホコリは、フロアモップや掃除機、細かい場所は静電気の力でホコリを取る化繊ハタキを使うなどして、こまめに取り除きます。

【脱衣所の換気扇】

脱衣所の換気扇はキッチンとは違い、パワーの弱いタイプが一般的です。しかし

脱衣所は繊維系のホコリが多いため、換気扇は、これを吸い込んでいます。

すると、どうなるか？　換気扇の内部に「大きなホコリの塊」がつくられてしまうことがあるのです。

「この換気扇、効きが悪いな」と思って内部を見てみると、ぬいぐるみのようなホコリの塊を見つけることがあります。それはもう衝撃です。

そんな状態では、換気扇のファンが動かず、効きが悪くなるのも当然です。換気扇の近くにぶら下がったホコリをチョロチョロ吸うくらいで、空気の流れはつくれません。よって、カビが繁殖しやすくなるのです。

可能なら半年に1度、ムリでも年に1度はチェックすることをおすすめします。換気扇のカバーとファンを取り外したら、化繊ハタキで内部のホコリを取ります。カバーが完全に外せるタイプなら、台所用の中性洗剤で洗い、消毒用エタノールを吹きかけ、完全に乾いてから装着します（取扱説明書に従っておこなってください）。

なお、**この作業をするときは、換気扇のファンが完全に止まっていることを確認してからおこなってください。**また、上からホコリや見えない敵が降ってくるわけですから、マスクは必須。できればゴーグルも。

そして、掃除のあとは部屋のあちこちを歩き回らずに、浴室に直行し、シャワーを浴びて汚れを洗い流しましょう。換気扇は「ニオイを吸う機械」というイメージがあるようですが、じつはホコリや見えない敵も吸い込んでいるのです。

✷カビが目に付く浴室掃除の方法

【換気の基本】

- 浴室に窓がある家庭は、入浴後だけでなく、日中窓を開けて換気を心がけます。
- 窓は、左右（窓のタイプによっては上下）に隙間ができるように開け方を調節して、浴室内に風を循環させます。
- このとき、浴室のドアを開けた状態で換気をすると、浴室内の湿気が脱衣室に侵入してしまいます。すると、脱衣所がカビだらけになる恐れがあるため、換気は浴室のドアを閉めておこないましょう。

●窓のない浴室では換気扇を回します。換気扇を回すときは、浴室のドアは閉めておくようにします。
●しっかり換気ができて浴室が乾いたら、ドアを開放しましょう。すると、さらにカラッとします。
＊換気扇を回していると、浴室の扉の隙間から他の部屋の汚染された空気を吸ってくれます。止める理由がなければ回しつづけるとよいと思います。
●イスや洗面器、ラックなどは、風が通る浴室中央に置いておくようにすると乾きやすく、カビを防げます。
●壁の水滴をスクイージーや乾拭きなどで取り除くのも効果的です。

【掃除の基本】

●カビの胞子が飛び散るので、必ず換気をしながらおこないます。
●水しぶきはカビの胞子などが含まれるため、浴びないように注意します。

浴室掃除、ここはこうする

・天井のカビは胞子を広げやすいため、3か月に1度くらいは掃除する。

・消毒用エタノールを染み込ませた除菌棒を使い、一方向に拭きます。

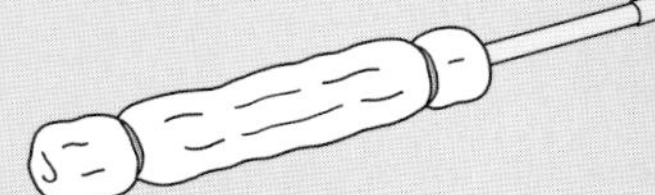

〈除菌棒のつくり方〉
市販の突っ張り棒にタオルを巻いて、ビニール袋をかぶせます。その上からペーパータオルを数枚重ねて巻き、輪ゴムで2か所しばります。

ピンクカビやぬめりは、スポンジでこすると取れますが、くり返し現れます。中性洗剤を使ってスポンジでこすり洗いしたあと、消毒用エタノールを吹きかけておくと、ピンクカビが発生しにくくなります。

タイルの目地などに黒カビを発見したら、ブラシでこすり、そこにカビ取り剤（泡タイプ）を吹き付けます。そこにラップをかけて放置。ラップの上から指でこすり、カビが取れるようなら、ラップを外して、冷水で洗い流します。

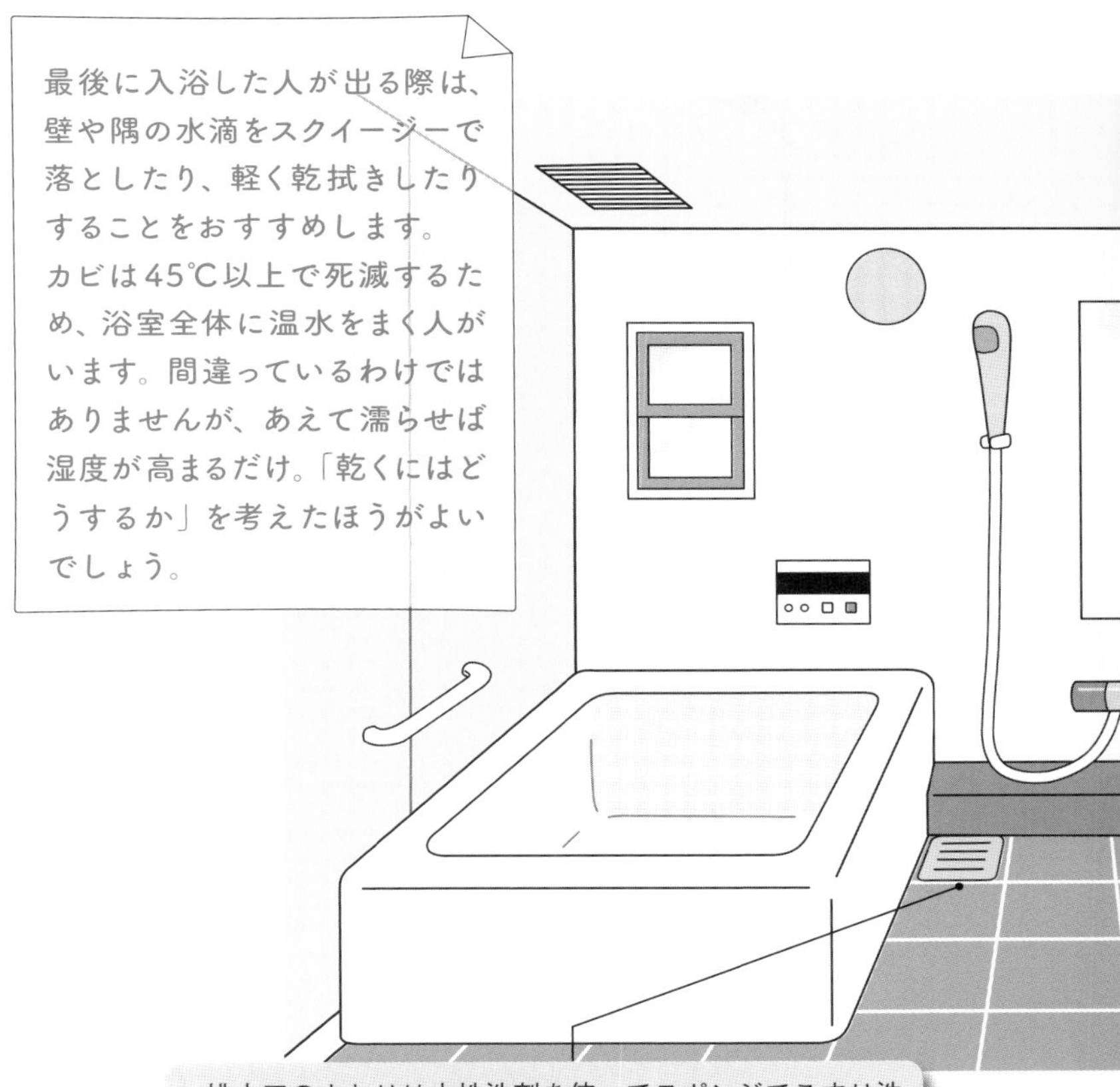

最後に入浴した人が出る際は、壁や隅の水滴をスクイージーで落としたり、軽く乾拭きしたりすることをおすすめします。
カビは45℃以上で死滅するため、浴室全体に温水をまく人がいます。間違っているわけではありませんが、あえて濡らせば湿度が高まるだけ。「乾くにはどうするか」を考えたほうがよいでしょう。

・排水口のまわりは中性洗剤を使ってスポンジでこすり洗いし、お湯で流します。私はこれを毎日、入浴中におこなうようにしています。毎日やれば、汚れやカビが出ないため、簡単に、そして気持ち悪がらずにできます。

・1週間に1回は、消毒エタノールで排水口のまわりとフタを消毒しましょう。

・排水溝の網目には髪の毛が絡まり、ここに汚れも絡み付きます。これは、家族の約束事として、お風呂を出るときに自分の髪の毛を取り除くことにするのがベストです。

✸浴室の小物類のカビを防ぐ知恵

- イスや洗面器、シャンプーのラックなどの小物は、最後に使った人が浴室の真ん中に置いて出ることをおすすめします。風の回りやすい中央に置くことで、乾きが早くなり、カビが少なくなるからです。お風呂のフタの上に置いておくのも、換気扇との距離が近くなるので、乾燥しやすくなります。いちばんダメなのは、風の通らない壁際や隅っこに置きっぱなしにしておくことです。
- 浴室の掃除に使うスポンジやブラシ類は、それぞれ2つ以上用意して交互に使います。使い終わったら、屋外で完全に乾かしてください。
- 浴室に置きっぱなしにすると、カビだけでなく、雑菌を繁殖させる元になります。これは絶対にやめましょう。
- お風呂から出たあとの湯舟に重曹をカップ1杯入れて混ぜ、イスや洗面器、ラックなどの小物類を一晩漬け込み、翌日水で洗い流すとスッキリします。

Part 4

フンや死がいも危ない——

【ダニ】
から身を守る掃除メソッド

ダニはすぐそこに潜んでいる

✸カビとダニは繁殖条件が似ている

人間や動物（ペット、家畜など）に害を与える虫を害虫と呼びます。

害虫と聞くと、どんなものが思い浮かびますか？

ハエ、蚊、ゴキブリ、ダニ、ノミなどでしょうか。シバンムシやチャタテムシ、カツオブシムシなどの名前を挙げた人もいるでしょう。

いずれも、**人やペットを刺して血を吸ったり、病原菌を運んできたり、嫌なことばかりする虫たち**です。

これらの害虫の多くは暗い場所を好みます。そして、適度な温度、湿度、汚れが大好きです。その点では、前章のカビと共通しています。

なかでもダニは、カビと繁殖条件がよく似ています。カビがある家には、ダニもわんさかいると思って間違いないでしょう。

ダニにもいくつかの種類がいる

住宅環境はよくなり、昔のように「すきま風」が吹くような家は少なくなりました。しかし、これが逆にダニを増やしているともいえます。

医療関係者の話では「日本人の4人に1人がダニアレルギーに悩んでいる」というほどですから、事態は深刻です。

ダニとひと口にいっても、その種類は5万種以上といわれます。家にいて、私たちの健康を脅かしているダニは、そのなかのおもに4つ。簡単に紹介しましょう。

【ヒョウヒダニ】（別名：チリダニ）

- 人は刺さない。繁殖すると、そのフンや死がいがアレルギー性疾患の原因になる。
- 1年中いる。
- ベッド、布団、枕、ソファー、カーペットなどに多い。

・好物は、ホコリ、カビ、人のアカ、汗、フケなど。
・大きさは0・3〜0・4ミリ。

【コナダニ】

・人は刺さない。コナダニをエサにするツメダニが増える。
・梅雨や秋の長雨時など、湿度が高い時期に増える。
・キッチンや和室などに多い。
・好物は、食品全般、小麦粉や調味料、ホコリ、カビなど。
・大きさは0・3〜0・4ミリ。

【ツメダニ】

・人を刺し、体液を吸うこともある。
・梅雨や秋の長雨時など、湿度が高い時期に増える。
・ベッド、カーペット、キッチン、和室など、どこにでもいる。
・好物は、他のダニや小さい虫、ホコリ、カビなど。
・0・3〜1ミリ。

【イエダニ】

- 動物に寄生して血を吸う。人間の血も吸う。
- 5～9月で、暑い季節に活発になる。
- 体に寄生するので、ペットなどは注意。
- 好物は、動物の血。
- 0・6～1ミリ。

この他にも、外で取りつかれ家のなかに連れ込む危険があるのが「マダニ」です。他の4つより大きく、目に見えます。念のため、特徴を書いておきましょう。

【マダニ】

- 人間にも噛み付き、血を吸い、皮膚に固着する。感染症の原因にもなる。
- 家の裏庭、畑などの屋外。公園や草むら、河原などで遊んだときも注意。
- 春、夏、秋（温暖な地域では冬も）。暑い季節には活発になる。
- 好物は、動物の血。人間の血も吸う。

ここが危ない！ダニ繁殖ハザードMAP

★の数は、ダニ繁殖危険度を表します。★★★がもっとも危険とくにホコリが集まりやすい場所。これらのホコリを放っておくと、ウイルスや細菌、カビ、ダニが混ざり、「病原ホコリ」となります。

押し入れ・クローゼット……★★★
暗くてジメジメした押し入れ・クローゼットはダニの絶好の繁殖地。除湿剤などを有効に使いましょう。

ベッド……★★★
布団、枕、マットレス。すべてがダニの隠れ家に。布団乾燥機のダニパンチ機能は有効です。

カーペット……★★★
定期的な天日干しと、カーペットの下に、シートタイプの除湿剤を敷くのも効果があります。
畳……★★★
畳の目に入り込んだダニは、目に沿ってゆっくり掃除機をかけて除去します。
ソファー……★★★
布製のソファーはとくに要注意。定期的に掃除機をかけましょう。
キッチン……★★★
いわずと知れたダニの聖地。食べかけのお菓子や小麦粉、かつおぶしや干ししいたけなどの袋には、輪ゴムでとめても侵入してきます。
脱衣所の床……★★
放っておいたジメジメホコリには、無数のダニがいるかも。

✷ダニとカビはセットです

ダニには「背光性（はいこうせい）」という性質があります。光に背を向ける。つまり暗いところが好きなのです。家のなかには、光の届かない場所がたくさんありますね。

さらに、**ダニはカビと同じで、温度と湿度が高く、汚れた場所が好き。**

これを知っていれば、ダニは見えずとも、その居場所はわかります。

例えばキッチン。火を使い、家電が並ぶキッチンは、高温多湿で汚れも多い場所です。食品ストッカー、シンク下やガス台下の収納スペース、家電製品の裏側などは、ダニにとってはまさにパラダイス（楽園）といえます。

押し入れやタンスもそうですね。暗くて湿って温かく、ダニの好物も豊富です。

ベッド、布団や枕の繊維のなか、タンスの衣類のなか、カーペットの毛や畳の目のなか、脱衣所に積まれたタオルのなか、エアコンのなか、洗面台の収納スペース、本棚、家具の下や裏、下駄箱、ソファー、ダイニングに置かれたイス……。数え上げたらキリがありませんが、こうしたところには、ダニがいないほうが不思議です。

基本的に、**カビとダニはセットなので、カビがあるところにはダニもいます。**

ただ、ダニは布団や衣類など「モノのなか」にもいると考えるとよいでしょう。

キッチンでも、小麦粉や乾麺の袋のなか、調味料のなかなどにもいます。

ダニの生死のサイクル

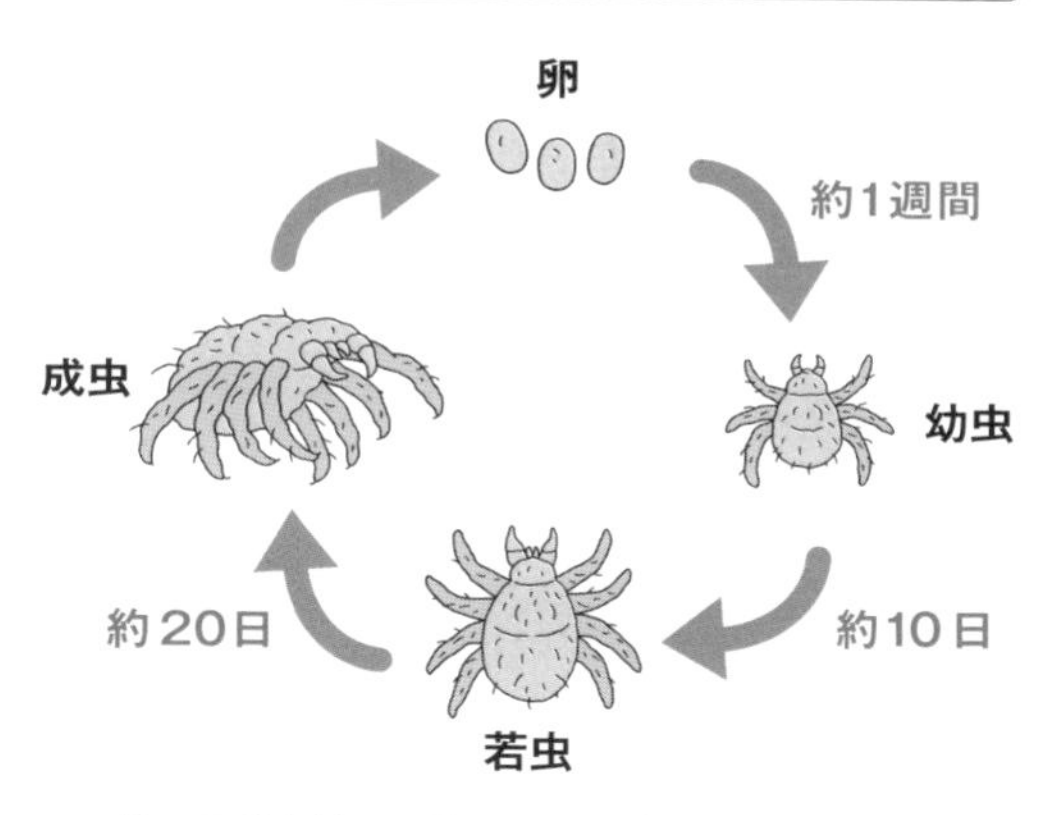

ダニの成虫は、1日に2～4個、死ぬまでに、およそ70から100個の卵を産みます。

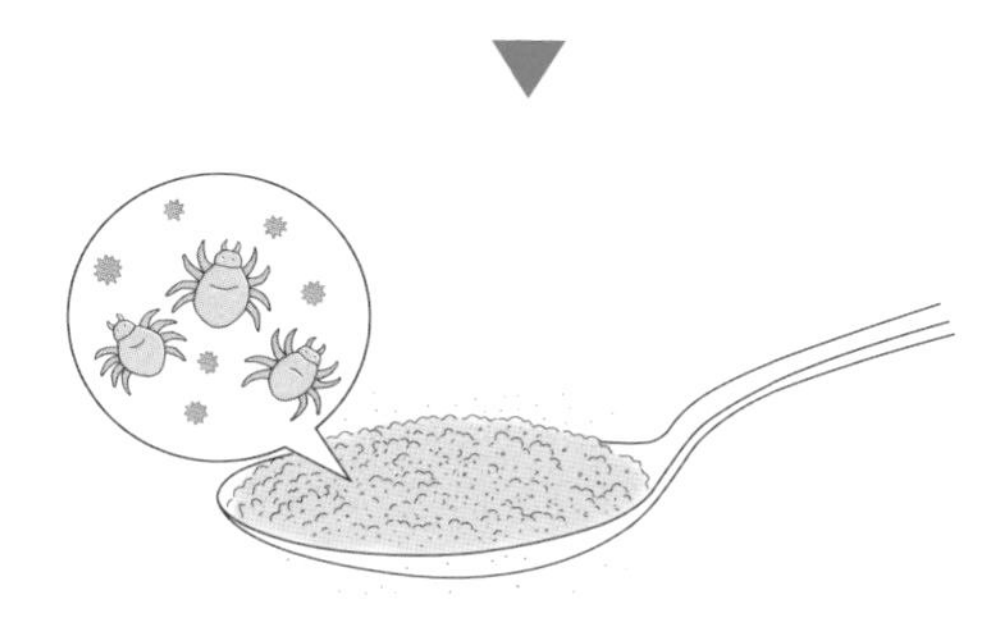

こうしてダニは、旺盛な繁殖力でどんどん増えつづけ、1gのホコリのなかに、1000匹、2000匹もの数にふくれあがっていることもあります。
「スプーン1杯のホコリに500匹のダニがいる」ともいわれています。

✸いちばん難しいのは畳のある和室

「ダニをどうするか?」と考えたとき、いちばん難しいのが、畳のある和室です。

なぜ、和室が難しいのか?

それは、和室を寝室にしている人が多いからです。

寝室には、布団や枕があります。そして、布団や枕には、人間の体から出る汗やアカ、髪の毛、フケ、剥がれた皮膚などが付着しています。これらはダニの大好物で、それを栄養源にしてどんどん増えていきます。

しかも、ダニは背光性で暗い場所が好きなので、布団や枕の表面ではなく、綿などのなかに入っていってしまいます。

布団や枕だけではありません。布団をたたむときには、それらが舞い、やがて畳の上に落ちます。これを栄養源にしながら、畳の目のなかに隠れていきます。さらに和室には、布団をしまう押し入れもあります。

ダニにとって和室は、暗くて湿って温かい、絶好の隠れ家なのです。

でも、「和室で寝ないでください」とか「布団をやめてベッドにして」などとはいえません。事実、私だって和室に布団を敷いて寝ています。だからこそ「和室は難しい」と頭を抱えることになるのです。

✸布団や枕のダニ対策①　汚れるところだけを洗う

ダニは布団や枕にまんべんなくいるわけではなく、汚れの多いところにいます。

例えば、掛布団なら、足のほうよりも顔の当たる部分に多くいます。よだれ、顔の脂、フケなどの汚れが付きやすい場所だからです。枕にもすごくいます。

基本的に洗うのがいちばんですが、布団や枕は頻繁には洗えません。

そこで、**汚れやすい部分には、カバーをするのがおすすめ**です。例えば、掛布団の上部にはバスタオルを当てて、外れないようにピンで止める。こうすれば、バスタオルだけを取り外して頻繁に洗うことができます。「襟（衿）カバー」という首まわり専用のカバーを利用するのもいいでしょう。

また、枕カバーは頻繁に洗うことができます。「取り外しが面倒」という人は、タオルを巻いてしまえばいいでしょう。

とにかく汚れを小さくし、残さないことが肝心です。

✸布団や枕のダニ対策② 洗うのがいちばん

洗濯すればダニは死にますし、ダニのフンや死がいも洗い流せます。また、しぶとく生きていたダニも、乾燥機の熱で死滅します。

ダニは50℃の熱で30分ほど、60〜70度の熱では一瞬で死にます。

コインランドリーの大型の乾燥機には、敷布団や掛布団を洗えるタイプもあるので、利用してみるとよいでしょう。ただし、高温に耐えられない素材もあるので、確認してからにしてください。

✸布団や枕のダニ対策③　天日干しの裏ワザ

天日干しする人もいますが、ダニが確実に死ぬのは50℃を超えてからです。太陽光ではそこまで温度が上がらず、ほとんど死なないと考えてよいでしょう。

また、朝や夕方など、湿度の高い時間に干すと布団が湿ってしまい、逆効果になってしまいます。雨が降った日の翌日も、地面からの水蒸気で、かえって布団が湿っぽくなってしまいます。なので、天日干しは、じつは意外と難しいのです。

そこで、夏に使える裏ワザをお教えしましょう。

それは、**天日干しをする際に、黒い布を被せる**という方法です。黒い布が光を集め、温度が上がりやすくなるのです。ただし、大事なのはそのあとです。死滅したダニを放置しておくと、それが他のダニの栄養源になってしまったりするのです。また、ダニの死がいを吸い込んでアレルギー症状を発症してしまうこともあります。

そうならないよう、**干したあとは、布団の裏表を、しっかりと掃除機がけするこ**

とです。片面30秒～1分くらいを目安に丁寧に吸引しましょう。

✹布団や枕のダニ対策④　布団をそのままにしまわない

自覚がないかもしれませんが、睡眠時には大量の汗をかき、布団は常に湿った状態になっています。でも、多くの人は、**起床後はすぐに布団をたたみ、押し入れにしまう習慣があるのでは？　じつはこれもダニを増やす原因**です。

だけど、敷きっぱなしにもできません。そこで、折りたたみ式の布団干しなどの利用をおすすめします。これなら部屋干しもできます。完全に乾燥させることはできないかもしれませんが、そのまましまうよりは、湿気を抑えることができます。

また、使用する布団の材質も、湿気に影響を与えます。例えば、自然素材の綿が入った布団はとても寝心地がよいものですが、ポリエステルの綿に比べて湿気を吸収しやすいという特徴があるのです。

いずれにしても、押し入れに除湿器は必須です。

よくある質問

Q 押し入れの湿気はどうする?

A ただ開けておくだけでは意味がありません。

押し入れのふすまやクローゼットの扉を開けておけば、なんとなくなかの湿気が出ていってくれるような気がします。けれどそれは、出ていってくれるような気がするだけ。実際にはただふすまを開けておくだけでは、ほとんど意味がありません。なぜなら、ただ開けておいても、押し入れのなかから外に向かって空気が流れだすわけではないからです。押し入れの奥に窓でもあれば、風の通り道がつくれますが、そんな押し入れ、ありませんよね。

ではどうするか? もっとも簡単な方法は、扇風機やサーキュレーターを使って、人工的に風を流すことです。ただし、押し入れにカビが発生しているときに、これをおこなってはいけません。胞子をまき散らすようなものだからです。

アルコールでしっかり除去したうえで、風を回すようにしましょう。

✸布団や枕のダニ対策⑤　天然成分のダニよけスプレーを使う

近年は衛生意識の高まりを反映し、さまざまな除菌や除虫アイテムが販売されています。ただ、化学物質が使われているものも多く「本当に大丈夫なの？　逆に、そういうものを日々、体に少量ずつ取り込んだら健康によくないのでは……」と心配する人もいるでしょう。

ダニよけに関しては、除虫菊などの天然成分を使ったものが安心で、おすすめです。スプレータイプのものなら、サッと、ムラなく吹きかけられるので、使い勝手がよく、私も使っています。

✸正しく恐れて、正しく対処する

見えない敵に関してはなんでもそうですが、やみくもに恐れるのではなく、正しく恐れ、的確な対処をすることが大切です。**まずは「増やさない」ことを考え、次に「増えてしまった場合は減らす」という発想が必要**だと思います。

敵がどこにいるかもわからないのに、シュッシュッと薬品を振りまくのは、どう考えてもやりすぎだと、私は考えています。

✸和室の掃除はどうすればいいのか

畳の目のなかには、ダニだけでなく、ホコリなどの汚れも入ってしまいます。ダニにとっては暗くて、温かくて、湿っていて、栄養源となる汚れもある。しかも、人間の手が届かない絶好の棲みかといえるでしょう。

畳の目のなかに入ったダニや汚れを取り除くには、やはり吸い出すしか方法はありません。つまり掃除機しかないのです。

畳で掃除機を使うときは、目に沿ってかけるのが基本です。畳ごとに向きを変えなければなりませんが、そこは丁寧にするよう心がけてください。

また畳のへりなど、少し大きな隙間は、細いノズルで吸引します。表面の汚れを取るのではなく、隠れたダニや汚れを吸い出すという意識で、掃除機を使うとよいでしょう。

和室を定期的に消毒用エタノールで拭くこともおすすめです。

アルコール除菌ではダニは死滅させられませんが、ある程度カビは死にます。すると、栄養源が減っていくため、結果的にダニも減っていく可能性は高くなります。

✷ダニはフンが厄介です

ダニが怖いのは、フンと死がいです。ダニに刺されることよりも、むしろこの害のほうが大きいと私は考えています。ダニ自体が小さいのに、フンはさらに小さい。それが粉砕されるので、本当に小さな粒子となり、空間にまき散らされるのです。私たちは、知らずにそれを吸い込み、肺に入れている。これがぜん息や、アレルギー性疾患の一因になっていることは、疑いようがありません。

ダニが死んでも、大量のフンが残っていることは、経験上よく知っています。179ページで図示したように、ダニは2か月ほど生き、そのあいだにフンをして、卵を産んでということをくり返します。ダニが増えれば、そのぶんだけフンも増えるし、死がいも増えます。つまり、見えない有害物質が増えていくのです。

ダニに向かって「フンをするな」というのは無理ですから、やはり「ダニを増やさない」「ダニを減らす」というのが、いちばんの対策なのです。

ちなみに、本に小さな白い虫が付いているのを見つけることがありますが、これはコナチャタテ。別名を本シラミといいます。

コナチャタテは本に付いているカビを食べているといわれます。

本は紙なので、湿気を含みやすく、カビが生えやすい。このため**本棚は、コナチャタテだけでなく、ダニにとっても理想的な棲みかの1つです。**

本棚にダニを増やさないためには、やはり湿気とホコリを少なくするしかありません。風を回したり、除湿剤を置くだけでもカビを減らせます。カビが減れば、ダニも減る。このように**環境を変えていくことが、やはりいちばんの方法**なのです。

さいごに

うっすらと積もったホコリをサッとひと拭きすると、フワフワの綿ボコリができます。風に吹かれ、ふわふわと転がる灰色の玉を見たことがあるでしょう。それを顕微鏡で覗くと、いろいろなものが見えます。人の皮膚、金属片、繊維、細菌、カビ……。ダニがいるときは大きいので、画面いっぱいに映ります（笑）。気持ち悪いですが、細菌やカビにとって、そこはパラダイスみたいなものでしょう（笑）。

まさか、この綿ボコリを口にする人はいないでしょう。でも、綿ボコリになる前の状態のものは部屋のなかにたくさん漂い、壁や床やモノに張り付いています。私たちは、平気でそれらを吸い込んでしまっているのです。

今回は、この事実を知ってもらおうと思い執筆しました。汚れを取り除く掃除や片付けの本は需要がありますが、目に見えない汚れに関する本は求められません。コロナ禍で、見えないウイルスへの恐怖が高まったこともあり、「いまなら真実を受け止めてもらえるのではないか」と考え、この本を書いた次第です。お役に立つ内容だと自負しているのですが、いかがだったでしょうか？

病院清掃の現場で35年を過ごし、2019年からは中国・深圳市の病院でも清掃の指導をするようになりました。また、「空気をかえよう」がスローガンの日用品メーカー、エステー株式会社といっしょに、「拭く」をテーマに正しい清掃方法を広める「福育活動」に取り組んでいます。ホテルや教育現場などにおいて、菌・ウイルスや正しい拭き方への理解を深める活動をおこない、清掃をきっかけに社会をよりよくすることを目指しています。

国境やさまざまな枠組みを超え、より多くの方々に、私の経験から得た知識やノウハウをお役立ていただけるなら、こんなうれしいことはありません。

家は「心が住む場所」です。「心が澄む場所」といい換えることもできます。

心が生き生きとし、体も健やかでいられる「居心地のよい空間」にととのえるのが、掃除の本来の意味だと考えています。みなさんの家が、ますます心地よくととのいますことを、心からお祈り申し上げます。

最後までお読みいただき、誠にありがとうございました。

企画…………… BE-million
協力…………… 日置　忍（アマーイズ）
Book Design… 大野恵美子（studio Maple）
イラスト……… 瀬川尚志
編集…………… 平岡しおり（BE-million）
構成…………… 山城　稔（BE-million）

図解でわかる 病院清掃のプロが教える最新メソッド
病気がイヤならその掃除をやめなさい。

2021年12月20日　初版印刷
2021年12月30日　初版発行

著　者　松本忠男

発行者　小野寺優

発行所　株式会社河出書房新社
〒151-0051 東京都渋谷区千駄ヶ谷2-32-2
電話　03-3404-1201（営業）
03-3404-8611（編集）
https://www.kawade.co.jp/

印刷・製本　図書印刷株式会社

Printed in Japan
ISBN978-4-309-28947-2